Inside full bloom

Act 1

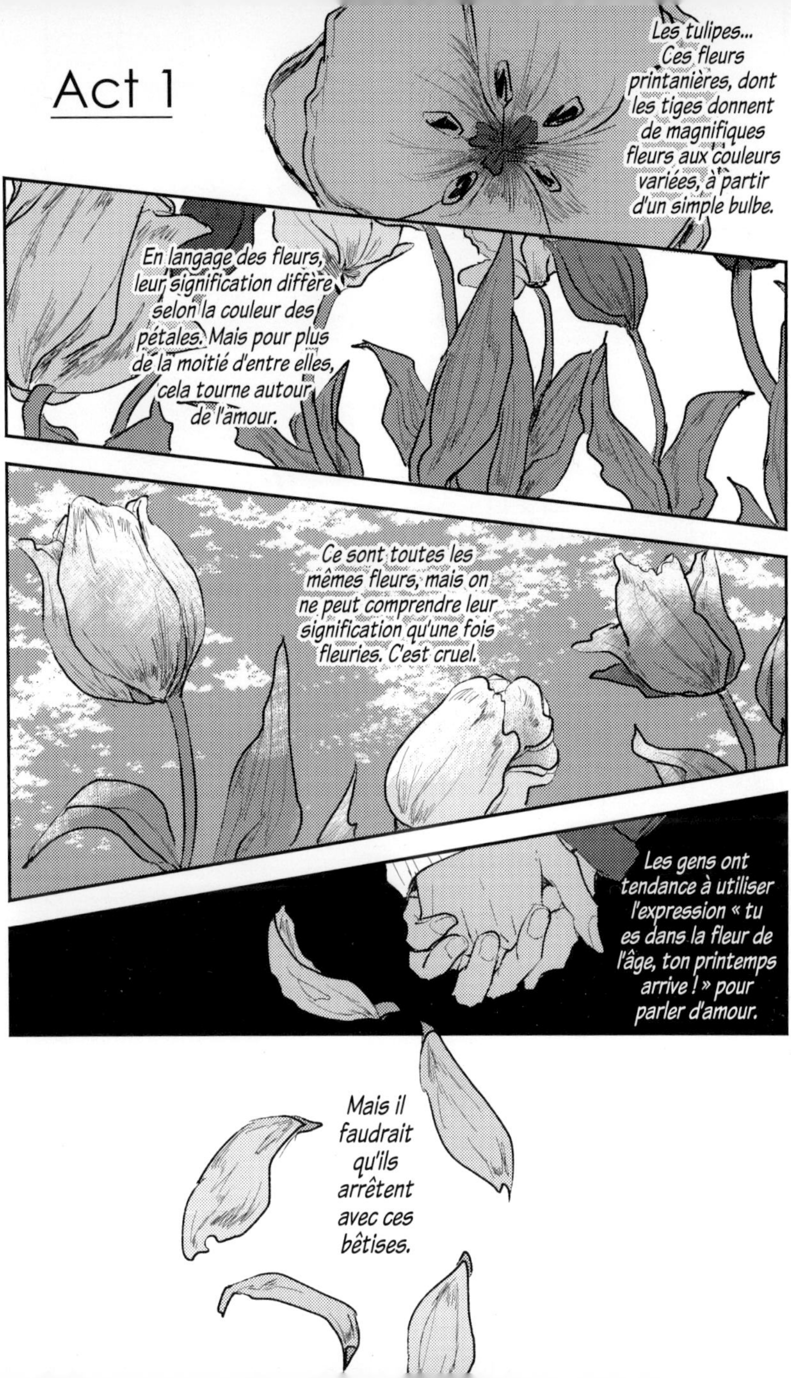
Les tulipes... Ces fleurs printanières, dont les tiges donnent de magnifiques fleurs aux couleurs variées, à partir d'un simple bulbe.
En langage des fleurs, leur signification diffère selon la couleur des pétales. Mais pour plus de la moitié d'entre elles, cela tourne autour de l'amour.
Ce sont toutes les mêmes fleurs, mais on ne peut comprendre leur signification qu'une fois fleuries. C'est cruel.
Les gens ont tendance à utiliser l'expression « tu es dans la fleur de l'âge, ton printemps arrive ! » pour parler d'amour.
Mais il faudrait qu'ils arrêtent avec ces bêtises.

Voici des tulipes blanches.
Lorsqu'elles fleurissent...
... elles symbolisent un amour perdu.
Craignant le printemps, elles préfèrent prendre la fuite. Leurs pétales se cachent, et le bourgeon frémit.
Elles fanent à la fin du printemps et leurs pétales tombent, avant même de s'être totalement ouverts.
Parlons de ces tulipes blanches.

DIIING
DOOONG
DAAANG
Saitô est là-bas !
AH ! Merci !
AH ! Le voilà !
SALUT !
HÉÉÉ HOOO !
Baisse d'un ton !
KANA !
SALUT !
Dis donc !
PAS LA PEINE DE T'ÉGOSILLER…
JE T'ENTENDS !

RASSURE-MOI, TU POURRAS VENIR CE SOIR, HEIN ?
HM ?
OUAIS...
KANA, ONO ET MOI, ON EST LA TEAM ULTIME !
YES ! GÉNIAL !
HAN
Rendez-vous à 18 heures !
MAIS BIEN SÛR...
ZOUP
GRAB
MAIS JE DEVRAI D'ABORD REPASSER PAR CHEZ MOI.
TU ME FAIS FLIPPER.
ON DOIT RENCONTRER DES FILLES DE LA FAC A. CE SOIR, JE SUIS CHAUD BOUILLANT !
PLUTÔT CANONS OU PLUTÔT MI-GNONNES. TOUT ME VA !
HÉHÉ !
NON MAIS TU L'AS VU ?
QU'EST-CE QUI LUI ARRIVE ?
HA HA
LAISSE, IL EST COMME ÇA DEPUIS TOUT À L'HEURE.
NYÉ-HÉ-HÉÉÉ !
MON FLEURTEMPS ARRIVE ENFIN, JE LE SENS !!
TON « FLEUR-TEMPS » ?
JE SUIS DANS LA FLEUR DE L'ÂGE, ET LE PRINTEMPS ARRIVE ! J'AI COMBINÉ LES DEUX !
WHAM
N'IM-PORTE QUOI...
HAHA
IL FAUT VRAIMENT QU'IL ARRÊTE D'INVENTER DES MOTS DÉBILES...

NE FAITES PAS COMME SI ÇA NE VOUS CONCERNAIT PAS, LES MECS !
GRAB
C'EST DU GRAND N'IMPORTE QUOI !
KANA, ONO !
VOTRE FLEURTEMPS À VOUS ARRIVE PEUT-ÊTRE AUSSI !
SUR CE, J'Y VAIS !
ON SE VOIT CE SOIR !
BYE !
Je te jure...
SA-LUT...
UNE VRAIE TOR-NADE, CE MEC.
LE PRINTEMPS, HEIN... ÇA M'ÉTONNERAIT QUE LE MIEN VIENNE UN JOUR...
.....
LES SOIRÉES MIXTES, POUR MOI, C'EST JAMAIS QU'UNE OCCASION EN PLUS DE BOIRE UN VERRE.
Ça va aller...
Je vais pouvoir continuer ma petite vie tranquille d'étudiant sans aucun souci.
Simplement passer du temps avec eux m'irait tout aussi bien.
CLANK
BON, JE ME TIRE...

BROUHAHA
ガヤ
ガヤ
HEIN ?
.....
?
AH !
HÉ !
AR-RÊTE !
NE POUSSE PAS !
POUSSE
BOBOM
AH !
BONSOIR !
PARDON POUR LE RETARD !
....!
....!
ENCHAN-TÉE !
À MOINS QUE MES YEUX NE ME JOUENT DES TOURS, J'AI L'IMPRESSION QU'IL Y A UN MEC, DANS LE TAS...
EFFECTI-VEMENT, TU AS BIEN VU...
OH !! MEN

DÉSOLÉE, ON AURAIT DÛ PRÉVENIR !
HA HA !
LA TROISIÈME FILLE NOUS A LÂCHÉES ...
... DONC ON A INVITÉ UN POTE POUR ÊTRE LE BON NOMBRE !
C'est ici...
J'AI EU PEUR !
OUF
VOUS VOYEZ ? JE VOUS L'AVAIS DIT !
HEIIIN ?!
TU FAIS GENRE DE TE PLAINDRE, MAIS T'ES VENU QUAND MÊME !
STAP
ET COMME ON DIT, PLUS ON EST DE FOUS, PLUS ON RIT !
Merci!
JE PENSE QUE VOUS VOUS ENTENDREZ BIEN AVEC KEIGO !
STAP
Il fait partie de notre groupe de recherches !
OOH !
HOCHE
ENCHANTÉ !
HOCHE

AU FAIT...
BOM
KEIGOOO !
SURSAUTE
OUAH !
SI T'ES VENU CE SOIR, C'EST PARCE QUE DANS LES DEUX FILLES...
PSST
PSST
... IL Y EN A UNE QUI TE PLAÎT, PAS VRAI ?
PSST
?
HAHAHA
PFFT !
FRSH
HAHAHA
.....
.....
IL EST DÉJÀ BOURRÉ ?
EXTRA-VERTI AU MAX...
GLOU

? ? ?
GRMPH
HA HAHA
POURQUOI IL SE MARRE ?
JE VOIS, JE VOIS !
OUI, ON POURRAIT LE PENSER...
POC
MAIS AUCUN RISQUE.
HIHI
HAAA...
J'ai bien ri !
NE T'EN FAIS SURTOUT PAS !
JE...
... SUIS GAY.
Hein ?
HEIIIIN ?!
BOM
Moins fort !
Jeunes gens, vous dérangez les autres clients...
Qu'est-ce qu'il vient de dire ?
« AUCUN RISQUE » ? C'EST PAS SYMPA, KEIGO !
HAHA
DOOOOM
BEN QUOI, C'EST LA VÉRITÉ !
MOUAIS...

C'EST LA PREMIÈRE FOIS QUE JE RENCONTRE UN GAY...
AH BON ?
CE N'EST POURTANT PAS SI RARE...
TU DIS LES CHOSES SANS DÉTOUR, TOI, JE RESPECTE ÇA.
DONC, C'EST PLUTÔT NOUS QUI DEVRIONS NOUS MÉFIER DE TOI, C'EST ÇA ?
MAIS NE T'EN FAIS PAS, VOUS N'ÊTES PAS DU TOUT MON GENRE !
QUOI ?!
C'EST PRESQUE VEXANT, LÀ !
ET POURQUOI ÇA ?
JE ME SENS TROP BÊTE D'AVOIR RESSENTI UN FRISSON, L'ESPACE D'UNE SECONDE.
Comment il peut balancer ça, comme si ce n'était rien...
Ce type est bizarre.

Je ne le comprends vraiment pas.
.....
FUUH
C'est bon...
Je suis content qu'ils s'amusent.
?!!
!?
GYAH AHA !
C'est bien comme ça.
Ça me suffit am-ple-ment.

FSHHH
ÇA CRAINT, J'AI DESCENDU MES VERRES UN PEU TROP VITE...
CLAC !
J'AI LA NAUSÉE...
MERDE...
AH !!
SALUT !
PFFF...
J'AI PAS ENVIE DE LUI PARLER...
SALUT.
Ouah ! C'est lui...
ON DIRAIT QUE TU TIENS PLUTÔT BIEN L'ALCOOL !
HM...
OUAIS...
.....
À PLUS !
FRSH
AH !
KANA...!
AU FAIT...

TU ES GAY...
... TOI AUSSI, PAS VRAI ?
TAP
......
TIENS ?

JE FAIS FAUSSE ROUTE ?
HMM...
J'AI PLUTÔT UNE BONNE INTUITION, D'HABITUDE...
TES AMIS NE SEMBLENT PAS AU COURANT...
HEIN ?
TU...
... NE SERAIS PAS UN PEU BOURRÉ, PAR HASARD ?
DOMMAGE !
MOI AUSSI JE TIENS PLUTÔT BIEN L'ALCOOL !
J'AI ENCORE TOUTE MA TÊTE !
CE SONT TOUS LES DEUX DES MECS BIEN, VRAIMENT.
.....
TU AS ENVIE DE RESTER JUSTE AMI AVEC ONO ET OSHIBU ?
AH !
À MOINS QU'ILS NE SOIENT PAS TON GENRE ?
Il me saoule...

Je vais pas pouvoir me retenir...
DIS DONC !
TU VAS ME LÂCHER LA GRAPPE, OUI ?!
BOM
OOH ! FLIPPANT !
SBAM
TU CROIS QUE JE VAIS TE LAISSER RACONTER TA MERDE SANS RIEN DIRE ?!
JE NE LES VOIS PAS DU TOUT COMME ÇA !
GRR
AH !
TU N'AS PAS NIÉ TON HOMOSEXUALITÉ...
Mais tu le leur caches ?
WHOOSH
.....
MERDE...

LA FERME !
.....
NE LE LEUR DIS PAS.
QUOI QU'IL ARRIVE !
WOOSH
.....
D'ACCORD...
HAHAHA
BROUHAHA
ガヤ
ガヤ

MERDE !
JE DOIS...
... RETOURNER À MA PLACE.
HA HA HA HA
T'es trop marrant, Oshibu !
Hein ?
Mais j'étais sérieux, là !
Je ne veux pas qu'on me mette dans le même sac que lui !
Du calme...
Et après ça, il a...
Je ne dois pas me laisser chambouler pour si peu.
Ha ha ha ! Trop fort !
Il n'y a aucun problème.
Ono a l'air drôlement gentil !
Carrément !
SERRE
FUUH...
Ça va aller.
Hé !
HA HA HA HA HA
HAAAA
J'ai mal au ventre !
KANA...

POURQUOI TU RESTES PLANTÉ LÀ ?
PSST
VIENS T'ASSEOIR À CÔTÉ DE MOI.
PSST
SINON...
... JE LEUR DIS POUR TOI.
PSST
ON EST DE RETOUR !
On commençait à vous trouver longs !
OUAIS, PARDON.
GRAB
SURSAUTE
FRSH
FRSH
PAH
.....
ON EST DEVENUS POTES, KANA ET MOI !

STAP
C'EST DE LA TRICHE, TU NOUS AS DEVANCÉES
KEIGO !!
EH BEN...
REVOILÀ LA CROQUEUSE D'HOMMES !
TROP FLIPPANTE !
LA FERME !
NE TOUCHE PAS À MON PETIT GARÇOOON !
OUIIIIN
DEPUIS QUAND TU TE PRENDS POUR LE PÈRE DE KANA ?
Ouaah ! Monsieur !
.....
PAS QUESTION !
Pardonnez-moi !
EH BEN, VOUS ÊTES CORIACE.
.....
Sa mère n'est pas d'accord non plus !
C'est censé être moi, sa mère ?
HAHAHA
.....
SURSAUTE
BROUHAHA
GSHH
HA HA HA HA

....!
C'EST QUOI CETTE FAÇON DE ME HARCELER ?!
Qu'est-ce qu'il cherche à faire ?
ALLEZ...
SA MÈRE EST FROIDE AVEC MOI, CES TEMPS-CI...
JE NE SUIS PAS SA MÈRE !
Qu'est-ce qu'il a en tête ?
T'es trop marrant, Oshibu !
AH LÀ LÀ !
C'est trop bien trouvé !
HAHAHA
Quel couple vous faites !
Je n'arrive pas à me concentrer sur la conversation.
PLIC

TU AS MAUVAISE MINE, KANA...
TU TE SENS BIEN ?
PFF
.....
OUAH !
C'EST VRAI !
OUH LÀ...
HÉ HO ! KANA !
Il n'a pas l'air de nous entendre...
IL A BU PLUS VITE QUE D'HABITUDE, C'EST PEUT-ÊTRE POUR ÇA...
C'EST RARE.
Ça craint...
Ouais c'est vrai...
Ah bon ?
Normalement, il tient plutôt bien l'alcool, ça devrait aller !
Leurs voix me semblent si lointaines...
J'ai du mal à respirer.
CLING

Encore maintenant...
AH !
ON A PERDU KANA...
... quand je me rappelle cette époque...
CLANK
... ça me met l'estomac en vrac.
FSSSHH
J'entends le bruit de la pluie...
... qui refuse de me laisser tranquille.
FSSSHHHHH
REGARDEZ-MOI CE DÉLUGE !
BON, ALLEZ !
À LA PROCHAINE !

AH !
Tiens ?
GSH
Quel est...
... cet endroit ?
GSH
NH !
Il ne me dit rien.
AH !
AH !
AH !
AH !
Des voix ?
NH !
AH... AH !
Qu'est-ce que c'est ?
AAH !
AH !
AH
Avec qui...
ARR...
... ÊTE...
... je suis en train de coucher ?
AH !
FRSH
UH...
GH...
MERDE...
JE N'AI PLUS DE FORCE...
GH...
C'est pas vrai...
AAH !
BRR
Du sexe...?
AAAAH !
FRISSONNE
Je n'arrive pas à réfléchir...
C'EST TROP BON...
HAN
C'EST TROP BON, HEIN ?
GRAB

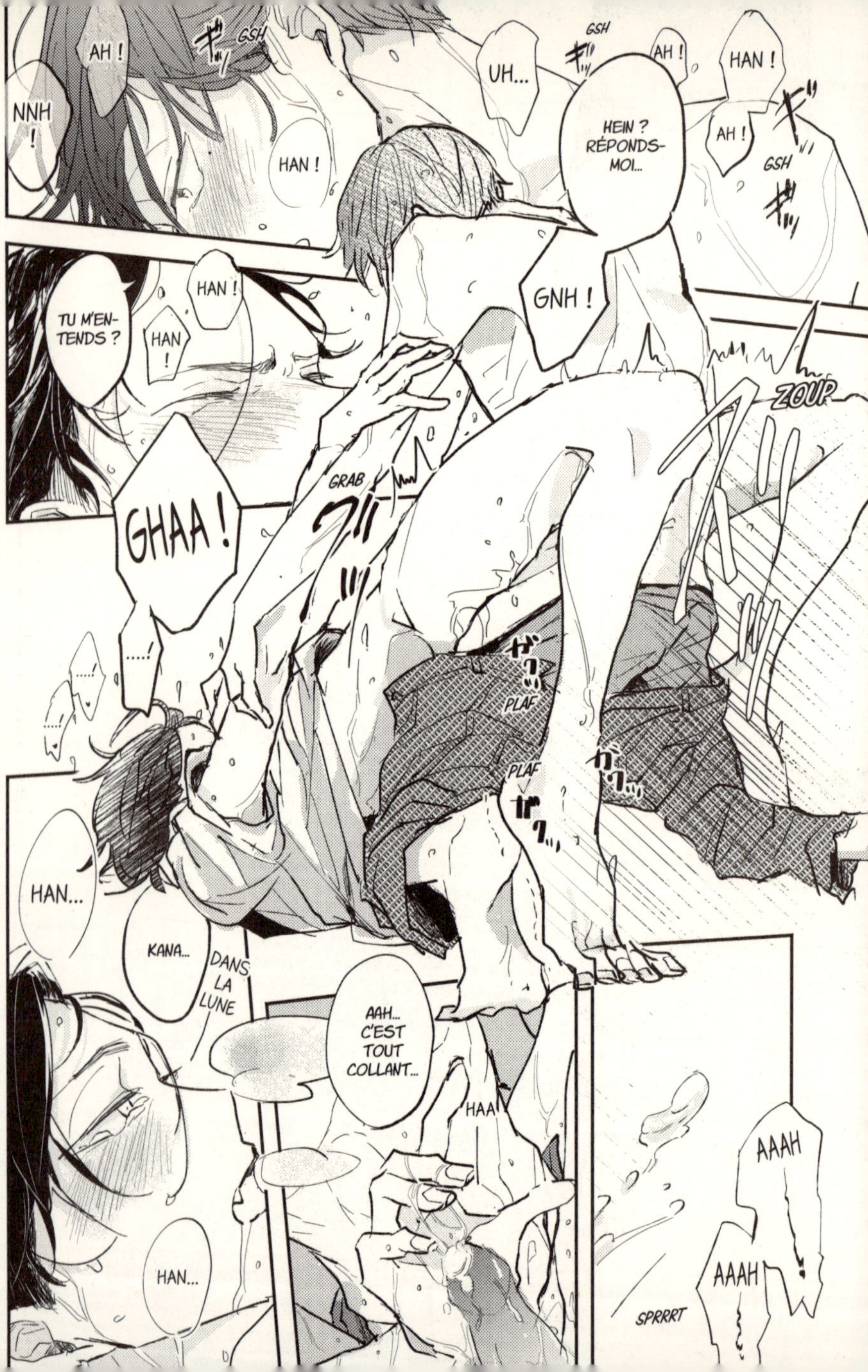
HAN !
AH !
GSH
AH !
GSH
HEIN ? RÉPONDS-MOI...
UH...
GSH
AH !
HAN !
NNH !
GNH !
ZOUP
HAN !
HAN !
TU M'EN-TENDS ?
GRAB
GHAA !
PLAF
PLAF
....!
....!
....!
AAAH
AAAH
SPRRRT
AAH... C'EST TOUT COLLANT...
HAA
DANS LA LUNE
KANA...
HAN...
HAN...

QU'EST-CE QUI NE VA PAS, DANS LE FAIT D'ÊTRE GAY ?
GSH
TU CROIS QUE C'EST QUELQUE CHOSE DE MAL ?
HAN !
POURQUOI TU TE CACHES, KANA ?
AH !
.....
AH !
NH !
PUSH
PLISH
ÇA ME...
UGH !
PLAF
NH !
... PA-RAÎT...
... ÉVIDENT ...
PLAF
NGH ...
UH...
GNH !
PLAF
PLISH
SPRRRT
GSH
AAH !
UUH...
PLIC

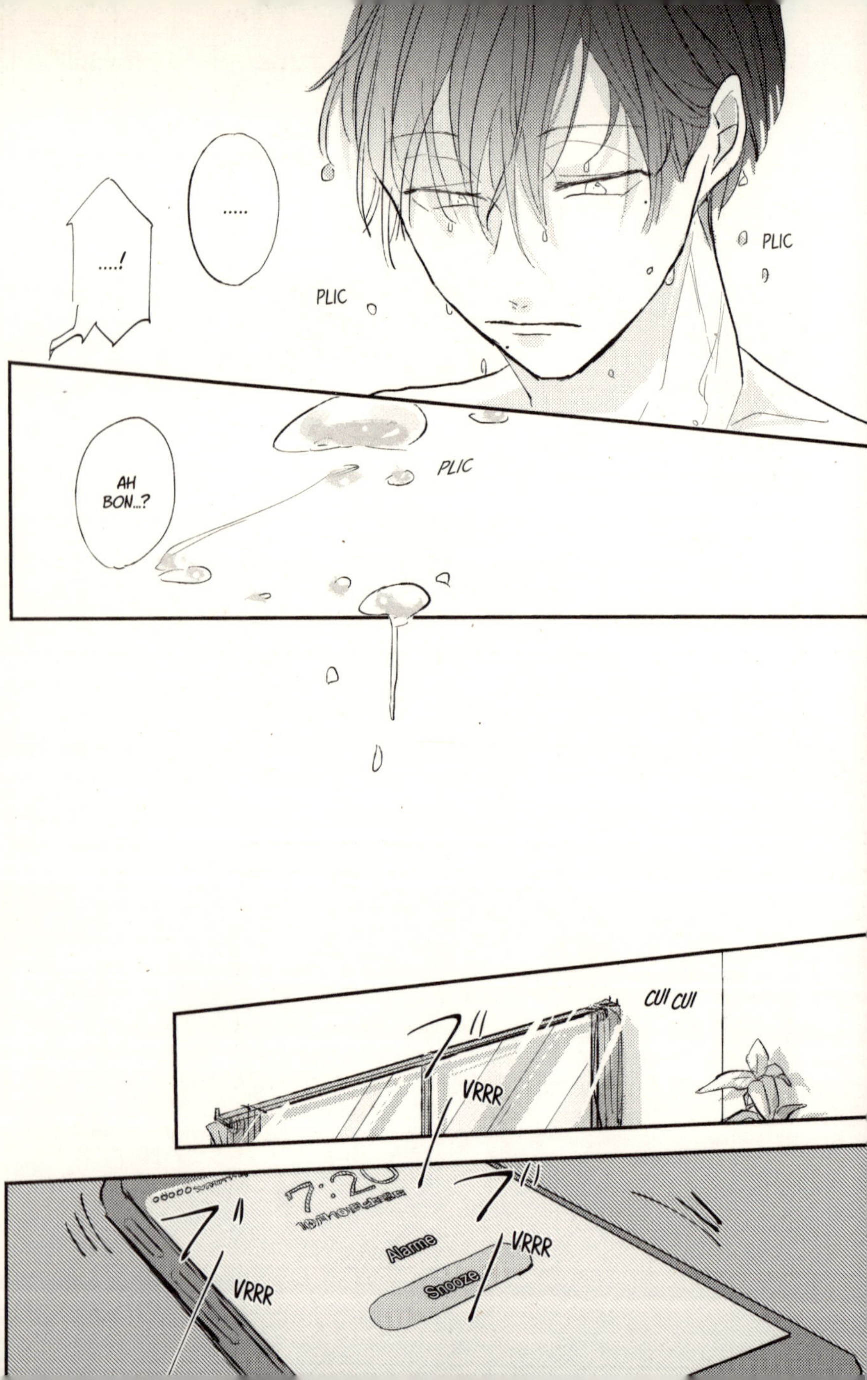
PLIC
.....
....!
PLIC
PLIC
AH BON...?
PLIC
CUI CUI
VRRR
7:20
VRRR
Alarme
Snooze
VRRR

POC
Que s'est-il passé ?
Aah... Si seulement je pouvais dire ça...
MNGH
CUI CUI
GSH
GEEEEH
ÇA ME REND MALADE DE ME SOUVENIR DE CETTE NUIT...
FRSH
Et le pire dans tout ça...
NNH...
SALUT !
... c'est que c'est avec lui que j'ai couché !
SMILE
TU ES MATINAL, DIS DONC !

AH !
TU TE DEMANDES CE QUE TU FAIS ICI ?
HIER, APRÈS QUE TOUT LE MONDE EST PARTI...
... TOI, TU NE VOULAIS PAS RENTRER, IMPOSSIBLE DE TE FAIRE ENTENDRE RAISON !
KYAAAH
.....
ÇA M'ÉTONNERAIT...
HMM...
C'EST VRAI, T'AS RAISON.
N'EMPÊCHE...
... C'EST QUAND MÊME TOI QUI EN AVAIS ENVIE.
.....
GSH
Je dois garder mon calme.

DÉSOLÉ DE T'AVOIR ENTRAÎNÉ LÀ-DEDANS.
ÇA A DÛ T'EMBÊTER.
TIENS ? CE N'EST PAS LA RÉACTION À LAQUELLE JE M'ATTENDAIS !
AH !
QU'EST-CE QUE TU VAS FAIRE ?
J'ÉTAIS PERSUADÉ QU'IL ALLAIT ME HURLER DESSUS.
ÇA TE DIRAIT QU'ON AILLE PRENDRE UN PETIT DEJ' ?
J'AI FAIM !
.....
DÉSOLÉ, MAIS...
... JE PRÉFÉRERAIS QU'ON NE SE REVOIE PLUS.
HMM...
POURQUOI ?
POUR ÊTRE FRANC...
... JE CROIS QU'ON N'EST PAS COMPATIBLES.

SI ON SE CROISE À L'UNIVERSITÉ, NE M'ADRESSE PAS LA PAROLE.
ALLEZ, SALUT !
CLAC
IL NE M'A MÊME PAS REGARDÉ UNE SEULE FOIS.
HMM
DE QUOI PEUT-IL BIEN...
... avoir si peur ?
GSH
RE-DODO !
FRSH
FRSH
FSSHHHHHH
CLAC
PLIC
PLIC
FSH
FSH

JE SUIS RENTRÉ...
FRANCHEMENT...
À QUOI JE JOUE, MOI ?
J'AI MAL À DES ENDROITS TELLEMENT IMPROBABLES, C'EST MALIN...
PFF
J'étais censé mener ma petite vie, bien peinard, sans le moindre souci.
Je ne veux pas y penser.
DOM
Je ne veux pas me souvenir.
DOM
DOM
DOM
Je ne voulais plus jamais avoir affaire à ce genre de type.
GSH
DOM
Ce que j'avais scellé au plus profond de moi...
FROUSH
.....
DOM
... est en train de ressurgir, accompagné d'un flot de douleur.
DOM

Kana...
Qu'est-ce que tu...
.....
Ce jersey est...
... à moi, non ?
HAHA
Qu'est-ce que...
... tu étais en train de...
Ah !
....!
Euh...
Oh non !
Tout est fichu !
CRR
Tu es...
... amoureux de moi ?

Ça ne pouvait pas être pire...
C'est sûr...
GH
Il va me repousser ...
Pardon...
Je vois...
SURSAUTE
GRAB
Hein ?
Vraiment ?
AH
Pour-quoi... ?
Mais tu sais...
... si tu veux me le faire comprendre, des mots ne suffiront pas.
.....
Je...
Qu'est-ce que je dois faire, alors ?

Assieds-toi...
... juste ici.
Tu es sûr ?
Oui, si c'est pour que tu me croies.
GSH
Il ne me repousse pas...
CLANG
D'accord.
CLANG
Je ne suis pas en train de rêver...
SLURP
SLURP
SLURP
Kana...
Prends-moi plus profondément dans ta bouche.
SLURP
Nh...
GNNH !
Il me voyait de la même façon.
HAN
HAN
Rien que de penser à celui que j'aime, j'en ai les jambes qui tremblent.
SLURP
SLURP
Je me demande ...
... si je peux l'embrasser...
HAN
PUSH
HAN
Pro-bablement ?
HAN
GLOUPS

J'en ai envie...
GSH
Nh !
Pour ça...
... je préfère y aller doucement.
Ah !
La prochaine fois...
D'accord ?
Zut, je suis allé trop vite !
Je comprends, excuse-moi...
On va y aller doucement.
Oui...

Salut !
SHKAC
Dégueu !
Sérieux ?
PSST
PSST
Il s'est passé quelque chose ?
PSST
PSST
Qui, Kana ?!
PSST
Chut ! Moins fort !
PSST
Il serait homo ? Ça craint !
OUAH
C'est dégueu...
Saitô ?
Hein ? Et vous croyez qu'il nous voit comme ça, nous aussi ?
HA HA HA
Ah !
C'est pas vrai...
Pourquoi ?!

....!
GLOUPS
BROUHAHA
Ah...
PSST
Hé ! Dis !
T'es ami avec Kana depuis que vous êtes petits, non ?
PSST
PSST
Tu savais qu'il était homo ?
Non...
J'en avais aucune idée.

FSSHHHHHH
SPLASH
Comment j'ai pu ne me douter de rien ?
SPLASH
SPLASH
Je me sens bête d'avoir été mené en bateau comme ça...
Vraiment trop bête !
Comment j'ai pu espérer quoi que ce soit ?
SPLASH

Je me suis emballé tout seul...
... et j'y ai cru.
FSSHHHHHH
... risible !
Tellement ridicule !
HAN
HAN
HAN
Mais je me trom-pais.
C'est
Vraiment...
Vraiment...

J'en ai assez de ces sentiments vains.
DOM
Il ne m'a fallu qu'une seule fois... ce jour-là...
... pour comprendre que je faisais partie d'une minorité.
GSH
Dès lors, j'ai arrêté d'espérer quoi que ce soit.
DOM
DOM
Je l'ai pensé...
... et j'ai cru y arriver.
DOM
Oui, j'ai cru que je pourrais y arriver...

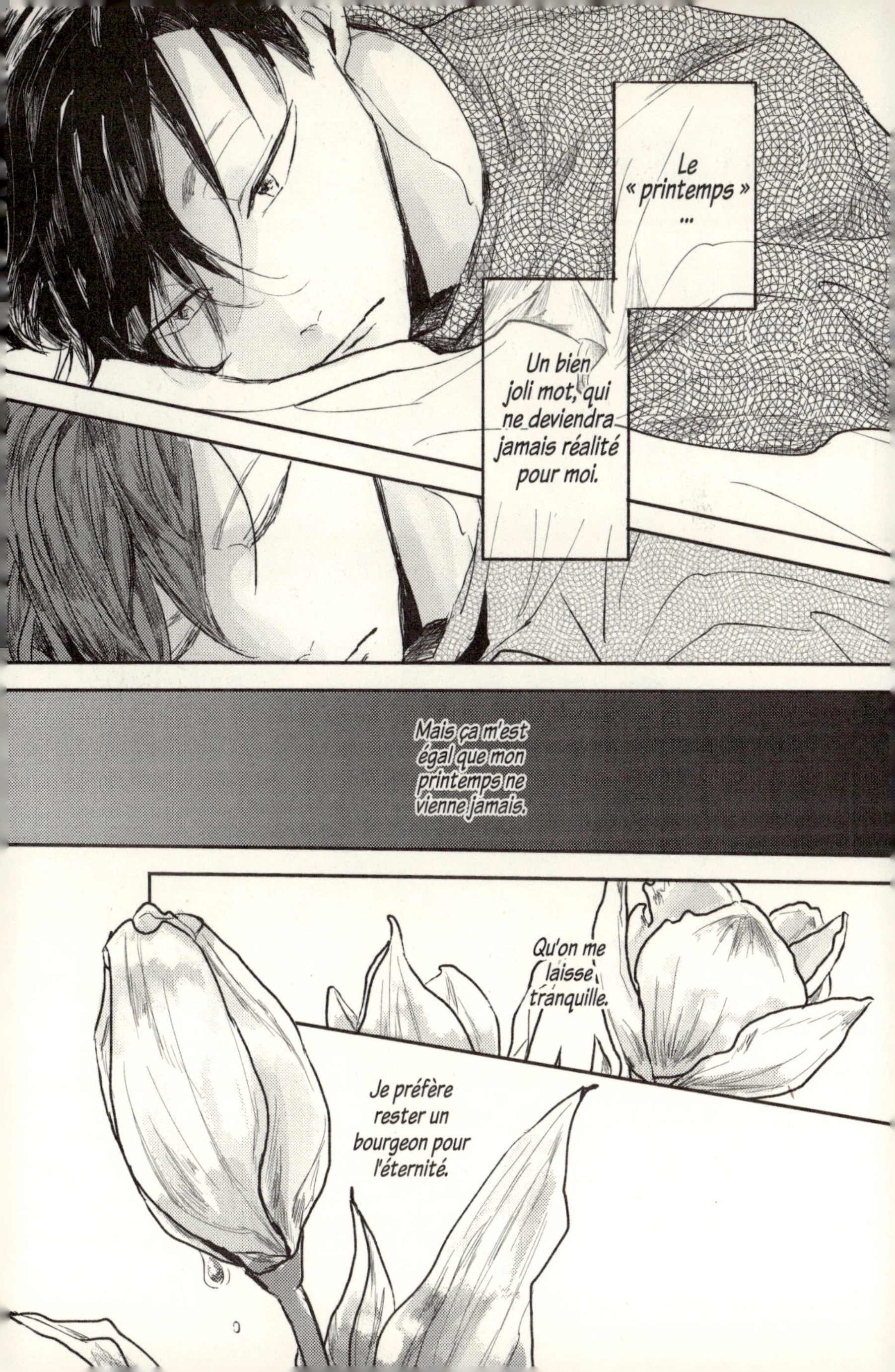
Le « printemps » ...
Un bien joli mot, qui ne deviendra jamais réalité pour moi.
Mais ça m'est égal que mon printemps ne vienne jamais.
Qu'on me laisse tranquille.
Je préfère rester un bourgeon pour l'éternité.

JE SUIS ÉPUISÉ...
Que jamais je ne fleurisse !

Act 2

NNNN-GH !
OH ?
T'AS L'AIR CREVÉ...
C'EST À CAUSE DE CE FOUTU RAP-PORT.
DÉJÀ ?

T'ES VRAIMENT SÉRIEUX, DIS DONC.
Nan, c'est juste normal!
JE GÈRE MON TEMPS EFFICACEMENT, C'EST TOUT.
FOUAAAAAAH !
BEN MOI, À PEINE RENTRÉ, J'ÉTAIS DÉJÀ DANS MON LIT ! JE ME SUIS ENDORMI SANS M'EN RENDRE COMPTE...
... ET EN ME RÉVEILLANT, C'ÉTAIT DÉJÀ LE MATIN !
AAH...
MOI, ÇA AURAIT ÉTÉ TROP IMPOSSIBLE !
FOUAAH
OUAIS...
T'AURAIS JAMAIS PU.
MNGH
T'ÉTAIS CENSÉ DIRE UN TRUC SYMPA.
AH !
AU FAIT !
HM ?
PSST
JE CROIS QUE J'AI UN TICKET...
PSST
... AVEC UNE DES FILLES DE L'AUTRE SOIR.
PSST
SÉRIEUSEMENT ?!
OUAIS, SÉRIEUSEMENT.
HO-HOOO !
WOUUU-HOÛÛÛ
TU VOIS QUE TU PEUX AVOIR DU SUCCÈS, QUAND TU VEUX !
HÉHÉ !

EH BEN...
TAP
TAP
DIRE QUE L'AUTRE JOUR, TU BLAGUAIS EN DISANT QUE TON PRINTEMPS ALLAIT ENFIN ARRIVER...
VOUS AVEZ CRU QUE JE BLAGUAIS ?
NNGH !
JE SUIS CONTENT POUR TOI !
OUAIP !
STAP
KANAAA !
SMILE
ET OSHIBU ET ONO !
Ça fait un bail !
AH !
KEIGO !
!?
SALUT !
.....
Hé ho...

Vous avez cours dans le bâtiment 2 ?
C'est proche, en fait.
Ce type ...
COMMENT IL OSE VENIR ME PARLER APRÈS CE QUE JE LUI AI DIT ?
... ne manque pas de culot !
Ouais, mais seule-ment aujour-d'hui.
VIENS DEUX MINUTES !
ZOUP
ZOUP
?
GRAB
AH !
À plus, tous les deux !
O.K. !
BYE-BYE !
À PLUS !
HAHA
T'AS VU LA TRONCHE DE KANA ?
IL LUI A FAIT UN TRUC OU QUOI ?!
.....
AUCUNE IDÉE...
DIS DONC !

NE FAIS PAS CETTE TÊTE.
IL ME SEMBLAIT T'AVOIR DEMANDÉ DE NE PAS M'ADRESSER LA PAROLE, TU TE SOUVIENS ?!
AH OUI ?
OUI ! J'AVAIS BIEN INSISTÉ SUR LE FAIT QUE TU NE DEVAIS PLUS M'APPROCHER !
HMM...
ÇA ME DIT EFFECTIVEMENT QUELQUE CHOSE...
CELA DIT, JE NE ME RAPPELLE PAS AVOIR DONNÉ MON ACCORD !
ON POURRAIT ÊTRE AMIS !
......
AUTANT EN PROFITER, ÇA NOUS PERMETTRAIT D'AVOIR UN AMI QUI EST « COMME NOUS ».

NE ME METS PAS DANS LE MÊME SAC QUE TOI !
HEIIIN ?
DANS LE MÊME SAC ?
TOI ET MOI ON EST INCOMPATIBLES, JE TE L'AI DÉJÀ DIT !
AH BON ?
HMMM
JE NE CROIS PAS QUE CE SOIT UN GROS PROBLÈME...
SI, JUSTEMENT !
TU TE TROMPES.
AVOUE...
... QUE TU AS PRIS BEAUCOUP DE PLAISIR, QUAND ON A COUCHÉ ENSEMBLE.
....!
JE NE ME SOUVIENS PAS !
MENTEUR...
TU ES EXACTEMENT COMME MOI, KANA.
FSHH
!
BOM
!
PAS DU TOUT !
Tu me gaves.
TSS
SI, ON EST PAREILS, TOI ET MOI.

BLA BLA
Comme lui ?
BLA
BLA
C'est vrai qu'on fait partie de la même minorité, je le reconnais.
Mais...
... lui...
... il est du genre à envahir l'espace personnel des autres, sans s'en soucier.
CLANG
Je ne veux pas qu'on me mette dans le même sac que ce gros sans-gêne !
Il en est hors de question !
FRSH
Lui et moi, pareils ? C'est n'importe quoi !

HAHA !
AH LÀ LÀ...
POURQUOI IL SE DONNE AUTANT DE MAL POUR SE CACHER ?
Quoi qu'il fasse...
... ça ne changera rien à la réalité.
C'est stupide.
Les types comme lui, qui se débattent en vain...

... JE LES DÉTESTE.

TV GAME・DVD・CD
新・旧作 1000 yen
旧作 100
JE COMPTE SUR TOI POUR LA FERMETURE !
DÉSOLÉ
D'ACCORD !
Au revoir.
OH !
SALUT !
SALUT.
POUR DEMAIN...
... TU AS REÇU LE MESSAGE D'OSHIBU ?
On m'a demandé de fermer.
O.K.
OUAIS.
FRSH
FRSH
KEIGO DEVRAIT VENIR AUSSI.
PIC
.....
HMMM
En tout cas...
JE CROIS QU'OSHIBU APPRÉCIE BEAUCOUP KEIGO.
.....

FIXE
.....
AH LÀ LÀ... TU FAIS TOUJOURS UNE DE CES TÊTES QUAND ON PARLE DE LUI, TU DEVRAIS TE VOIR !
JE VOIS PAS DE QUOI TU PARLES.
TU NE TE SOUVIENS PAS DE LA VIOLENCE AVEC LAQUELLE TU L'AS TIRÉ, L'AUTRE JOUR ?
KANAAA !
OOOH !
IL Y AVAIT ÇA...
ET ÇA, AUSSI.
IL S'EST PASSÉ QUELQUE CHOSE ?
ZWIP
RIEN DE PARTICULIER.
C'EST UN MEC SYMPA.
TU TROUVES ?!
BEN, OUI.
TU SAIS, À PART TOI, TOUS CEUX QUI LE CONNAISSENT SONT D'ACCORD...
... POUR DIRE QUE...
... C'EST QUELQU'UN DE BIEN.
QU'EST-CE QUI TE DÉPLAÎT AUTANT, CHEZ LUI ?
VROUSH
TOUT !

.....
PFFT !
HAHAHAHA
GRR
JE PEUX SAVOIR CE QUI TE FAIT RIRE ?
AH LÀ LÀ !
C'EST RARE QUE TU DÉTESTES QUELQU'UN À CE POINT !
HAA...
C'EST TROP MARRANT !
JE NE VOIS PAS CE QU'IL Y A DE DRÔLE.
SI, TU PEUX ME CROIRE, ÇA L'EST !
!
HIHI
HMMM
TU SAIS, KANA...
... DE CE QUE JE TE CONNAIS...
... TU ES DU GENRE À TOUJOURS RESTER UN PEU ÉVASIF, DISCRET, SANS TROP TE MÊLER AUX AUTRES.
ALORS TE VOIR AVOIR UNE RÉACTION AUSSI EXTRÊME, JE TE JURE QUE C'EST MARRANT.
TU TE MOQUES DE MOI ?
Extrême et négative, en plus !

BAH...
CLANK
QUAND JE DIS QUE C'EST MARRANT, CE N'EST PAS FORCÉMENT POUR ME MOQUER.
C'EST JUSTE COMME ÇA.
BEN MOI, J'AIME PAS ÇA.
HM ?
AH BON ?
ENFIN BREF...
JE NE VAIS PAS TE DEMANDER CE QUI S'EST PASSÉ ENTRE VOUS.
FROTTE
JE DIS JUSTE QU'AU LIEU DE LE REPOUSSER COMME ÇA...
!
... TU DEVRAIS ESSAYER DE VOIR LES CHOSES SOUS UN AUTRE ANGLE.
NGH
N'IMPORTE QUOI...
ALLEZ, TU VAS TE FAIRE DU MAL.
PAS DU TOUT...
AH NON ?
TU PRÉFÈRES CONTINUER À TE PRENDRE LA TÊTE ?
On se les gèle !
BRR
AAAH !
Et si on allait manger un truc bien chaud ?
Des râmen, ça te dit ?
Bonne idée !

TAC TAC
TAC TAC
FLAP
ZWOUP
SURSAUTE
ZWIP
KANA !
!
ENCORE TOI ?!
OUAH
CHUUT !
PAH
MOINS FORT...
......

LÀ POUR LE COUP, JE NE T'AI PAS SUIVI.
JE ME DOUTE.
TU VIENS SOUVENT ÉTUDIER ICI ?
MOUAIS…
ÇA ARRIVE…
FRSH
HMMM
JE VOIS…
……
ET TOI ?
MOI, C'EST PAS POUR TRAVAILLER !
JE M'INTÉRESSE ESSENTIELLEMENT À ÇA !
Accouplement
AC-COU-PLE-MENT
AH BON…
MAIS NON, JE DÉCONNE.
JE SUIS VENU FAIRE QUELQUES RECHERCHES.
WORLD
POF

FLAP
NE VIENS PAS ME DÉRANGER, C'EST CLAIR ?!
T'EN FAIS PAS !
HA LONG
À ce moment-là...
CRII
... tout en entendant le bruit...
... de sa chaise raclant le sol...
... et des pages des livres qui se tournent ...
.....
.....

... j'ai repensé à ce que disent les autres.
Je me suis demandé si je pourrais le voir...
... comme « quelqu'un de bien ».
Je n'ai pas la moindre idée de ce à quoi il peut bien penser.
Pour moi, il n'est rien d'autre qu'une créature inconnue.
Un gars du coin.
Et je ne peux pas m'empêcher de me méfier de ce que je ne connais pas.
J'ai juste ...
... un peu pensé ...

... rien qu'un tout petit peu...
... qu'il n'était probablement pas...
... quelqu'un de « mauvais ».
Dans un petit coin de ma tête.
THE WORLD Heritage
絶景の旅

SHKAC
ON A BIEN BU ! ÇA RÉCHAUFFE !
MOI JE ME LES GÈLE !
Merci beaucoup !
BRR
Mon souffle fait de la fumée blanche !
HAAAAA
!!!
ALLEZ, À LA PROCHAINE !
KANA...
TU DEVIENS AUSSI SILENCIEUX QU'UNE TOMBE, DÈS QU'ON N'EST PLUS QUE TOUS LES DEUX.
C'EST PARCE QUE JE N'AI RIEN À TE DIRE.
AH BON...
.....
.....
ET DONC ?

... JE PEUX SAVOIR POURQUOI TU ME SUIS ?
Trop suspect
FUSHIN KAAAN
BEN...
J'HABITE PAR LÀ, MOI AUSSI, ALORS...
AH BON ? VRAIMENT ?
C'est pas pour te suivre, rassure-toi.
C'EST VRAI QUE C'EST LA PREMIÈRE FOIS QU'ON RENTRE ENSEMBLE...
.....
SILENCE
STAP
.....
TU VEUX...
... PASSER CHEZ MOI ?

DOOOM
HEIN ?!
PAS LA PEINE DE PRENDRE UN AIR AUSSI DÉGOÛTÉ, C'EST PRESQUE VEXANT.
OUAH !
OUAAH
AH !
À MOINS QUE TU N'ESPÉRAIS SECRÈTEMENT QUE JE TE LE PROPOSE ?
ET PUIS QUOI ENCORE !
C'ÉTAIT JUSTE POUR TE PROPOSER DE BOIRE UN COUP, TU SAIS.
ENFIN BON...
JE ME DOUTAIS QUE TU REFUSERAIS...
.....
À LA PROCHAINE...
Le voir sous un autre angle...

C'EST PAR OÙ ?
HEIN ?
TON APPART...
......
C'EST PAR OÙ ?
ÇA DOIT ÊTRE PROCHE, NON ?
HEIN ?
C'EST PAR LÀ...
......
......
C'EST JUSTE...
... POUR BOIRE UN VERRE.
HA
J'AI UN BON STOCK DE BIÈRES...
... DANS MON FRIGO.

SHKAC
ガラ
SHKAC
ENTRE...
CLIC
DÉSOLÉ DU DÉRANGEMENT.
Tu peux t'asseoir par là.
.....
UNE CHAMBRE AVEC DES TATAMIS ?
HEIN ?
BEN QUOI ?
ÇA TE POSE UN PRO-BLÈME ?
AUCUN...
C'EST JUSTE...
... QUE T'AS UNE TÊTE À AVOIR UN APPART DE STYLE OCCI-DENTAL.
PFFT !
Je me demandais ce que t'allais dire, avec une tête aussi sérieuse, et c'est ça que tu me sors ?
HA HA HA HA HA
QUOI ?!
QU'EST-CE QU'ELLE A, MA TÊTE ?!
Haa ! T'es bizarre !
LES CHAMBRES TRADITION-NELLES SONT MOINS CHÈRES.
ET PUIS ÇA NE ME DÉRANGE PAS, MOI.
JE VOIS...
IL ARRIVE ENCORE À TROUVER LE MOYEN DE SE MOQUER DE MOI...

TIENS...
MERCI.
PSSHT
ALORS ?
QU'EST-CE QUI T'A FAIT CHANGER D'AVIS ?
C'EST TOI QUI VOULAIS QUE JE NE T'APPROCHE PAS, NON ?
.....
RIEN... C'EST COMME ÇA, C'EST TOUT.
HÉHÉ HÉ
HMM... C'EST PAS DRÔLE.
.....
T'AS VRAIMENT UN CARACTÈRE DE MERDE !
HEIIIN ?
TU TROUVES ? HÉHÉ !
TU DEVRAIS AU MOINS EN AVOIR CON-SCIENCE.
POC

TU VOYAGES BEAUCOUP ?
HM ?
AH, ÇA ?
JE SAIS PAS TROP...
HEIN ?
COMMENT ÇA, TU SAIS PAS TROP ?
TU...
PARFOIS...
... J'AI ENVIE D'ALLER DANS DES ENDROITS QUI ME SONT TOTALEMENT INCONNUS.
C'EST TOUT.
AH BON...
NAN, C'EST PAS VRAI.
TU PASSES TA VIE À MENTIR, MA PA-ROLE ?
QUI SAIT...

NNH...
BLINK
JE ME SUIS ENDORMI...
HM ?
HEIN... ?
QUOI... ?
ZOUP
.....
HÉ !
AT-TENDS...
HÉ !
CLANG
PLIC
HM ?
J'AVAIS ENVIE DE TE TOUCHER...
ET MOI JE N'AI PAS DIT QUE TU POUVAIS !
POURQUOI PAS ?
FSHH
J'AI DIT NON !
HÉ !
ARRÊTE !

ALLEZ...
POURQUOI PAS ?
NNN NH
POURQUOI TU NE VEUX PAS ?
!
GRAB
ON L'A DÉJÀ FAIT UNE FOIS, DE TOUTE FAÇON. QU'ON LE FASSE UNE DEUXIÈME OU MÊME UNE TROISIÈME FOIS, ÇA NE CHANGERA RIEN...
LAISSE-TOI FAIRE !
CLANK
FRSH
C'ÉTAIT JUSTE...
... POUR BOIRE.
C'EST CE QUE T'AVAIS DIT !
CLANK
OOOH ?
ET TU M'AS CRU ?
....!
JUSTE POUR BOIRE, ET PUIS QUOI ENCORE...
SÉRIEU-SE-MENT...
AR-RÊTE ...
CLANK
FRSH
Je l'ai cru ?

GRAB
J'aimerais bien le savoir moi-même.
Je ne pense pas l'avoir cru.
Je voulais simplement...
HAN
FRSH
... essayer de tendre un peu les bras vers l'inconnu.
Savoir pourquoi il s'intéresse autant à moi.
Découvrir ce qu'il a dans la tête.
!
J'ai peut-être cru qu'apprendre à le connaître changerait...
... quelque chose ?
FRSH

Je ne voulais plus jamais revivre ça.
J'ai tout fait pour l'éviter...
... et voilà que je me jette consciemment dans la gueule du loup.
FSH
HAN
Non mais à quoi je joue, moi ?
HAN
Aah...
Franchement...
PLUSH
GSH
L'ignorant, dans cette histoire...

... c'est moi.
HAN
....!
HAN
GSH
SÉRIEUSEMENT, ARRÊTE...
Merde...
À ENTENDRE TA VOIX, TU N'AS PAS FRANCHEMENT L'AIR D'AVOIR ENVIE QUE J'ARRÊTE.
UUH...
PLISH
TIENS-TOI TRANQUILLE.
À FORCE DE TE DÉBATTRE...
... TU RISQUES DE TE FAIRE MAL.
PLISH
BOBOM
....!
Ses petites manies...
HIIII
HII !
BRR
BRR
... ce visage...
AH !
Tout me répugne.
TROUVÉ !
UH !

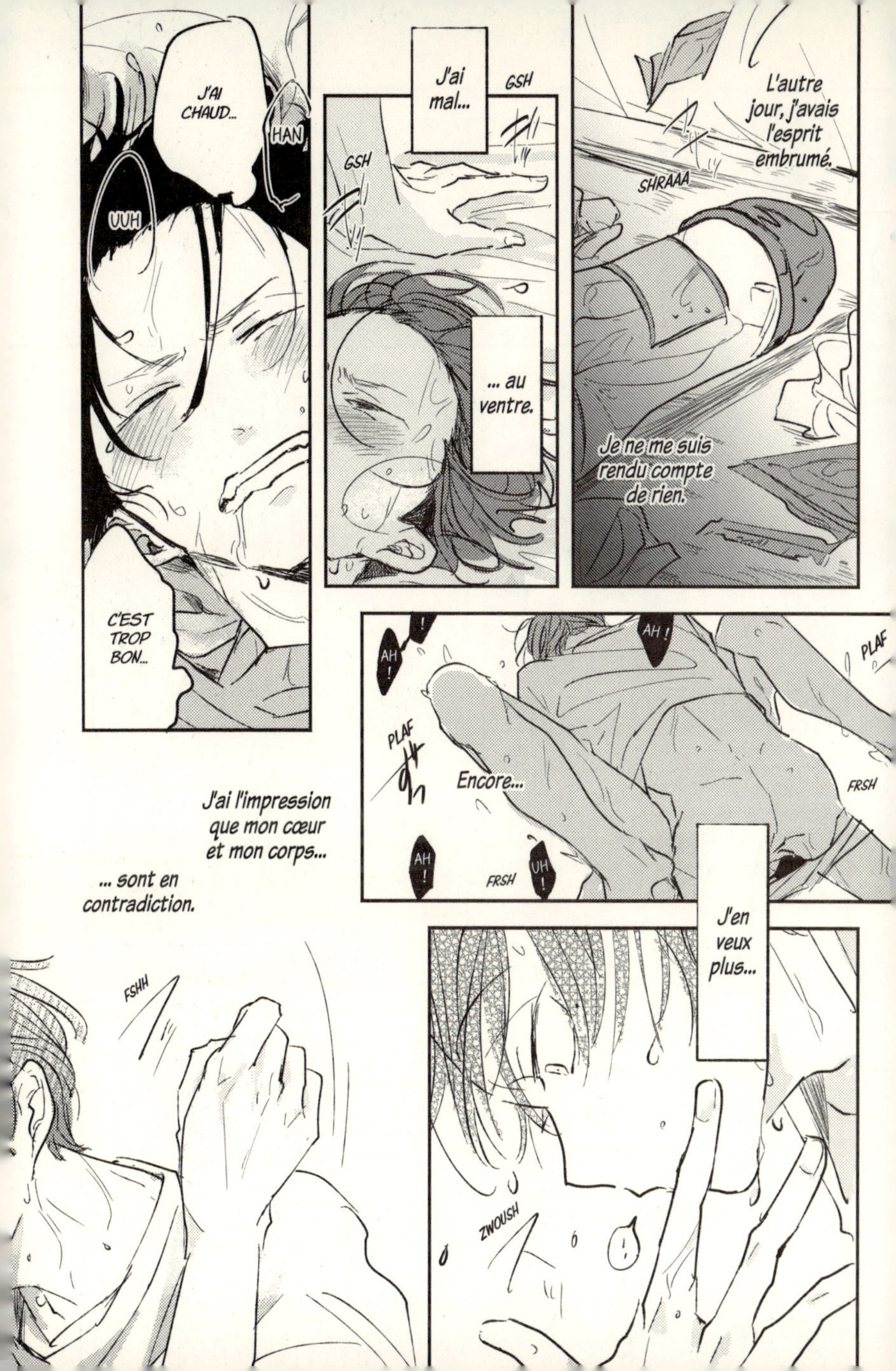
L'autre jour, j'avais l'esprit embrumé.
SHRAAA
Je ne me suis rendu compte de rien.
J'ai mal...
GSH
GSH
... au ventre.
J'AI CHAUD...
HAN
UUH
C'EST TROP BON...
AH !
AH !
PLAF
PLAF
Encore...
FRSH
AH !
UH !
FRSH
J'ai l'impression que mon cœur et mon corps...
... sont en contradiction.
J'en veux plus...
FSHH
ZWOUSH
!

TU VOIS ?
GRAB
REGARDE-TOI...
ZOUP
C'ÉTAIT INCONSCIENT ?
!
HAN
HAN
ALLEZ...
GRAB
AH !
NNH...
ABANDONNE...
AH !
BRR
Quoi ?
PLAF
HAA
PLAF
PLISH
SI TU LAISSES TOMBER...
... TU TE SENTIRAS MIEUX.
AH !
!
Et comment je me sentirais mieux ?
PLISH
NH !
NH !

GSHH
AH !
Parce que toi...
NN GH...
AH !
AA AH ...
... tu crois...
FRISSONNE
....!
....!
BRR
BRR
... que tu as l'air...
... d'aller bien ?

Le printemps ?
C'est vraiment...
... trop stupide.
Ce que les humains appellent « printemps »...
... n'a jamais existé.
Ça a toujours été blanc.
Ce n'est pas une chose à laquelle on peut s'opposer.
CRSH
Et ça m'est égal.

Voilà pour-quoi, aujour-d'hui en-core...
... je vais me parer de pétales blancs.
Je préférerais rester blanc jusqu'à la fin de mes jours.
Ce serait tellement bien.
La meilleure chose qui puisse m'arriver.

Je voudrais flétrir
et me faner ainsi.

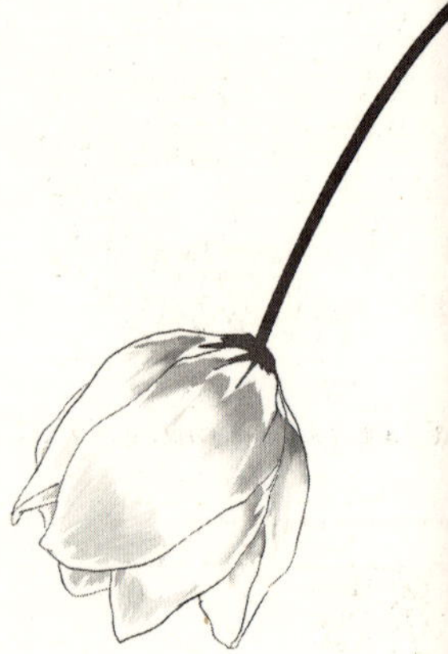

Act 3
Je suis rentré !
CLAC
J'attendais toujours impatiemment.
Te voilà !
PAH
Mais quoi donc ?
Oh, tu es venu ?

C'est toi qui m'as filé les clés de chez toi.
Au petit collégien que je suis.
HAHAHA
Oui, c'est vrai.
Ses nombreuses photos de pays que je n'avais jamais vus...
GSH
Y a vraiment que toi pour faire ça.
GSH
Alors ?
BOBOM
Tu en as pris ?
... et où je n'étais jamais allé.
OUI !
Un paquet !
....!
Génial !
Je suis rentré...
J'attendais impatiemment.

Ses photos de pays étrangers ?
Salut.
Comment c'était ?
CLAC
Ah là là...
Ben alors ?
D'habitude, tu m'attends tout excité avec un grand sourire aux lèvres.
Dès que j'entre, tu déboules dans le couloir comme une furie.
TAP
Quoi ?
T'as envie que je continue à faire ça, à ton âge ?
Nan, c'est pas ça, mais bon...
CLIC
Alors ?
Tu en as pris ?
Oui, un paquet !
C'est beaucoup plus pratique, maintenant.
FLAP
Avant...
... quand on prenait des photos, on ne pouvait jamais connaître le résultat...
... avant de les faire développer.

.....
Ben alors ?
Tu ne m'écoutes pas ?
Haha ! Quelle concen-tration !
.....
Je vais ranger.
FRSH
Non...
J'attendais impatiemment...
... ton retour.

Quand ma famille a appris que je faisais partie d'une minorité...
... je me suis enfermé derrière ma porte.
Et toi, tu as été le seul à me tolérer ...
... et à m'accepter tel que j'étais.
Tu étais mon monde tout entier.
C'est...
... pour moi ?
CRII
HMM ?
Comme d'hab', ouais.
Tu peux les avoir.
Dis...
Oui ?

Un jour...
... je voudrais que tu m'emmènes avec toi.
FLAP
Voyons voir...
Pourquoi pas...
CRII
Oui...
GSH
Quand tu auras la force d'y aller par tes propres moyens, un jour...
... je veux bien t'accompagner.
FRSH

Qu'est-ce que tu me fais, là ?
C'est exactement la même chose !
SBOF
HMM
Il a encore esquivé ...
Ce n'est pas pareil.
Là, je ne t'y emmènerais pas.
CRII
Tu irais par toi-même, quand tu en aurais l'envie et la force.
Hmm...
Je ne comprends pas bien...
HAHA
Ça viendra, un jour...

Enfin...
... j'en ai acheté un !
WOOOH
New !
Je manifestais enfin ma propre volonté.
WAOUH !
J'ai économisé l'argent de mon petit boulot pour m'offrir un appareil photo reflex mono-objectif.
Je me demande quelle tête il va faire...
Je l'aimais.
... en le voyant.

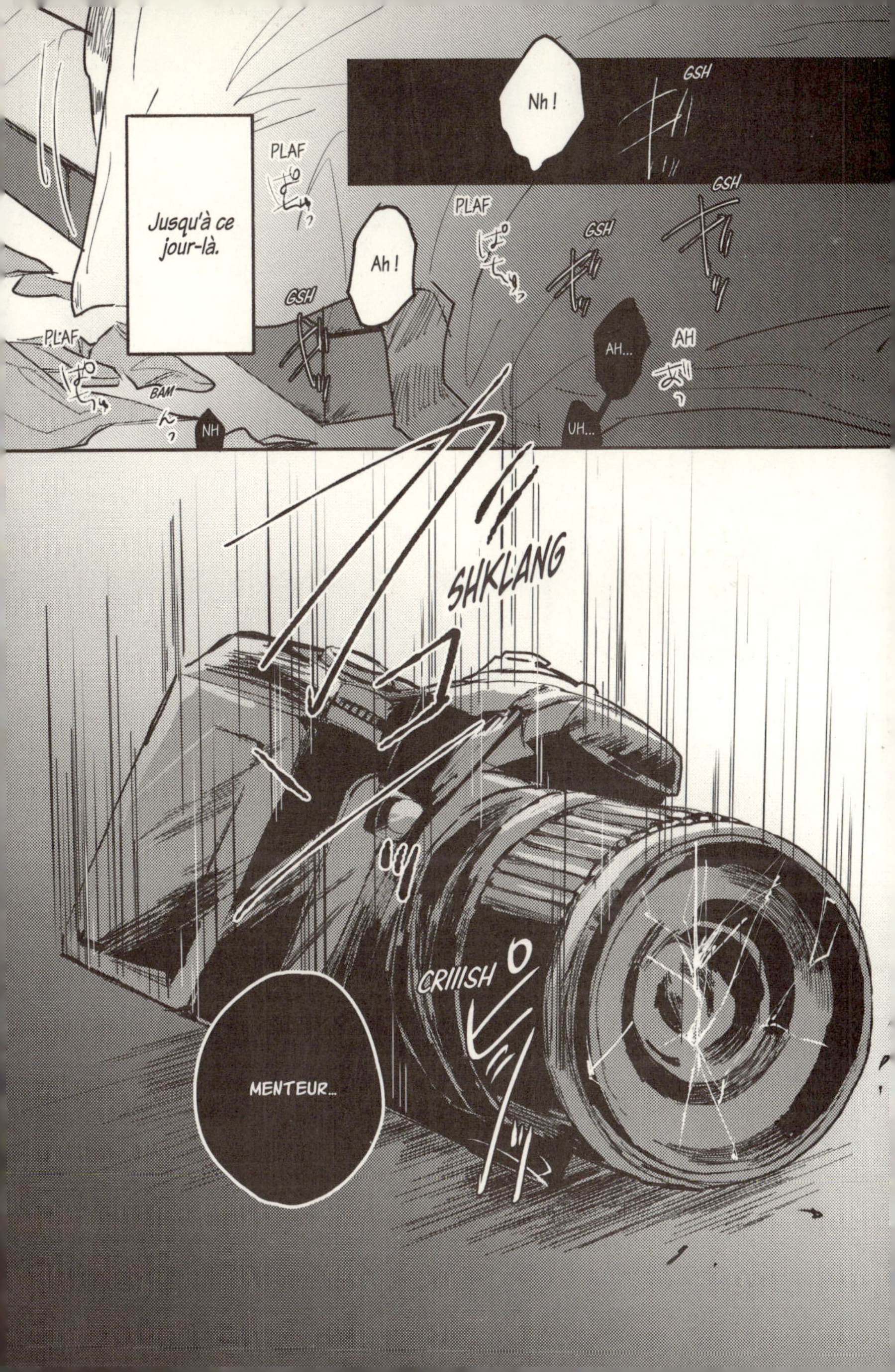

Nh !
GSH
GSH
Jusqu'à ce jour-là.
PLAF
PLAF
GSH
Ah !
GSH
AH...
AH
UH...
GSH
PLAF
BAM
NH
SHKLANG
CRIIISH
MENTEUR...

BLINK
!
WHAM
....!
IL N'Y A RIEN DE PIRE...
... QUE DE RÊVER DE CE JOUR-LÀ.
GSH
GSH
ÇA FAISAIT LONGTEMPS...

DIS...
HÉ !
TON APPAREIL...
IL EST CASSÉ, NON ?
!
!
PAH
GRAB
QUI T'A PERMIS ?!
HEIN ?
FLAP
FLAP
QUI T'A PERMIS DE TOUCHER À ÇA ?!

.....
Son comportement désespéré pour cet appareil photo cassé...
HAN
... n'est pas normal.
C'était absurde...
Dans cette énorme pile de photos...
.....
... d'endroits différents...
IL...
... N'Y EN A PAS UNE SEULE...
Il n'y a pas une seule photo de personne.
50 m

PFF
LAISSE TOMBER.
ÇA N'A RIEN DE SURPRENANT.
C'EST NORMAL NON ?
GRAB
J'AI LE DROIT DE VOULOIR PHOTOGRA-PHIER UNIQUE-MENT DES PAYSAGES.
.....
AH BON...
FRSH
TU DEVRAIS RENTRER.
MOUAIS...
BAH...
POC
PAS BESOIN DE ME LE DIRE, J'ALLAIS PARTIR DE TOUTE FAÇON.
.....
TU SAIS...

À QUOI AS-TU RENONCÉ ?
TU CONSIDÈRES QUE JE NE SUIS PAS NORMAL...
... MAIS...
... LÀ, DE MON POINT DE VUE, C'EST TOI QUI NE L'ES PAS !
......
JE NE TE COMPRENDS PAS.
POC
QU'EST-CE QUE TU VEUX FAIRE DE MOI, EXACTEMENT ?

LA FERME...
CRR
JE N'AI JAMAIS...
... ÉTÉ NORMAL.
HEIN ?
CETTE DISCUSSION EST CLOSE.
BON...
TU FERAIS MIEUX DE RENTRER, ET VITE.
AU REVOIR !
STAP

HÉ HO !
BROUHAHA
KEIGO !
BROUHAHA
CLANK
HÉ HOOO !
KEIGO !
CLING
AH !
EUH, OUI ?
QUOI ?
RHAAA !
TU N'AS RIEN ÉCOUTÉ OU QUOI ?!
V-O-Y-A-G-E !
FOUIT
VOYAGE... ?
MAIS OUI, TU SAIS, CELUI DONT JE TE PARLAIS...
C'est malpoli.
ZWIP
ZWIP
AH...

MIOM MIOM
POUR L'INSTANT, JE PENCHE PLUTÔT POUR MALTE.
QU'EST-CE QUE TU EN PENSES ?
LA BOUFFE EST BONNE ?
TOUT EST FONDÉ AUTOUR D'UN CHÂTEAU FÉODAL, ÇA VAUT LE DÉTOUR.
AAAAH !
C'EST CE QU'ON VOYAIT SUR LES PHOTOS QUE TU M'AS MONTRÉES L'AUTRE JOUR ?
OUI, C'EST ÇA.
L'ARCHITECTURE EST BELLE...
... ET PUIS IL Y A LA MER TOUT AUTOUR, IL DOIT Y AVOIR DE BELLES PLAGES.
IL Y A AUSSI LA POSSIBILITÉ DE SE BALADER EN FAISANT LE TOUR DES ÉGLISES.
C'EST CALME...
... ET VRAIMENT MAGNIFIQUE.
JE VOIS...
TAC

J'AI BIEN FAIT DE TE DEMANDER CONSEIL.
TU Y ES DÉJÀ ALLÉ ?
NON, JAMAIS !
HEIN ?
Ah non ?
Pas normal ?

Je suis le mieux placé pour savoir...
... que je ne suis pas normal.
.....
CRIII
Des tonnes de photos d'endroits où je n'ai jamais mis les pieds...
Un appareil photo cassé...

Tout ça me sert de leçon.
Me permet de ne pas oublier ce douloureux passé, dont je ne pourrai être sauvé.
Peu importe le nombre de photos que j'accumule ...
... je ne pourrai jamais aller là-bas.
DOM
DOM
Je ne peux que contempler tous ces lieux, en restant hors du cadre des photos.
Sans jamais pouvoir y aller, ni même faire un seul pas en avant.
CRSH

J'ai tout laissé tomber.
FRSH
Et ces photos sont là pour me rappeler qu'il doit en être ainsi.

J'Y VAIS !
Kana !
O.K. !
SALUT...
ON SE VOIT DEMAIN !
.....
PFF
J'ai essayé de tendre les bras vers l'inconnu...
... et je me suis fait mordre la main sans rien comprendre.
Il faut croire que je ne me comprends pas moi-même.
J'ai beau répéter qu'on n'est pas pareils, tous les deux...

... finalement, on l'est.
PFFF
ET VOILÀ...
... QUE JE RETOURNE VOLONTAIRE-MENT ME FAIRE MORDRE !
JE FAIS VRAIMENT N'IMPORTE QUOI...
Sans que je m'en rende compte, les choses ont changé.
Je ne voulais pas qu'on se fréquente ni qu'il se mêle de mes affaires.
TAC
Et là, je ne peux pas m'empêcher d'aller le voir.
TAP
TAP
HEIN ?

QUOI ?
QU'EST-CE QUE TU FICHES ICI ?
.....
J'AI FROID.
LAISSE-MOI ENTRER.

FAIS COMME TU VEUX.
ENTRE, SI ÇA TE CHANTE.
EN TOUT CAS, NE RESTE PAS DANS LE PASSAGE.
TU GÊNES.
.....
CLAC
.....
FRSH
.....
SHTAC
ALORS ?

QUAND ON NE CONNAÎT PAS SON OPPOSANT ET QU'ON NE SE CONNAÎT PAS SOI-MÊME, TOUT FINIT INÉVITABLEMENT EN DISPUTE.
C'EST CE QU'ON DIT, NON ?
QU'EST-CE QUI TE PREND ?
TU ES VENU TE BATTRE ?
AAH !
À MOINS QUE TU NE SOIS VENU TE FAIRE PRENDRE ENCORE UNE FOIS ?
HAHA !
C'ÉTAIT SI BON QUE ÇA ?
BAH...
ON PEUT ÊTRE SEX-FRIENDS, SI C'EST CE QUE TU VEUX.
JE...
JE SUIS VENU TE PARLER DE MOI.

SBOF
HEIN ?
FRSH
ET QUI TE DIT QUE J'AI ENVIE DE T'ÉCOUTER ?
TU VAS M'ÉCOUTER !
......

QUAND J'ÉTAIS AU LYCÉE...
... LE GARÇON QUE J'AIMAIS DEPUIS TOUJOURS M'A AMENÉ À LUI FAIRE UNE FELLATION.
J'ÉTAIS TROP HEUREUX ET, SURTOUT, J'AVAIS DE L'ESPOIR.
LE LENDEMAIN, LA RUMEUR S'EST RÉPANDUE DANS TOUTE L'ÉCOLE.
ET LUI, IL A FAIT COMME SI RIEN NE S'ÉTAIT PASSÉ, COMME SI JE N'EXISTAIS MÊME PAS.
ENSUITE, C'EST DEVENU LE CHAOS À LA MAISON.
ALORS DEPUIS...
... JE VIS EN CACHANT MES PRÉFÉRENCES SEXUELLES.
C'ÉTAIT PLUS FACILE POUR MOI.
MAIS...

... ENSUITE...
... TU ES ARRIVÉ...
... ET TU AS TOUT FOUTU EN L'AIR.
VOILÀ POURQUOI...
... JE TE DÉTESTE.
.....
ET ALORS ?
QU'EST-CE QUE ÇA PEUT ME FAIRE ?

GSH
QUE VEUX-TU QUE JE FASSE DE CETTE HISTOIRE ?
TU T'ATTENDS À CE QUE JE M'APITOIE SUR TON SORT ?
NON.
EH BEN QUOI, ALORS ?
J'EN SAIS RIEN.
T'EN SAIS RIEN ? JE NE TE COMPRENDS VRAIMENT PAS !
J'EN SAIS RIEN, NON, ET C'EST POUR ÇA QUE JE T'EN PARLE.
PEUT-ÊTRE QUE LE SAVOIR CHANGERA QUELQUE CHOSE, OU PEUT-ÊTRE PAS.
MAIS...
... DANS LE FOND, C'EST PEUT-ÊTRE POUR SAVOIR CE QUE TOI, TU AS LAISSÉ TOMBER.

TU AS RUINÉ TOUT CE POUR QUOI JE M'ÉTAIS DONNÉ DU MAL.
ALORS JE PENSE QUE TU AS AU MOINS LE DROIT DE SAVOIR.
HAHA
GSH
QU'EST-CE QUE ÇA PEUT TE FAIRE ? TU T'EN FICHES DE MOI, DE TOUTE FAÇON, NON ?
PEUT-ÊTRE PAS, C'EST POUR ÇA QUE J'AIMERAIS QUE TU ME RACONTES.
.....
CRR
TU...

......
......
POURQUOI AS-TU DIT QU'ON ÉTAIT PAREILS ?
QU'AS-TU LAISSÉ TOMBER ?
QUE VEUX-TU FAIRE DE MOI ?
LA FERME...
DE QUOI AS-TU PEUR ?
GRR...
GRAB
TU VAS LA FERMER, OUI ?!
RENTRE CHEZ TOI... !
......

AU FINAL...
... TOI AUSSI, TU PASSES TON TEMPS À FUIR.
BOUCLE-LA !
KSHAA
TU M'ÉNERVES !
PLAF
!
JUSTE-MENT !
GRAB
JE VEUX QUE TU ME DISES POURQUOI ÇA T'ÉNERVE AUTANT !
....!
BOM
FRSH
CE NE SONT PAS TES OIGNONS !
.....

JE TE JURE...
ÇA COMMENCE À BIEN FAIRE...
GSH
TU DEVRAIS COMMENCER À LE SAVOIR, NON ?
CE QUI T'ATTEND, QUAND TU VIENS CHEZ MOI...
GSH
TU VOIS...
... DE QUOI JE PARLE, HEIN ?
.....

ET QU'EST-CE QUI M'ATTEND ?
Après avoir fait tout ce chemin...
TU JOUES LES IGNORANTS ?
PAS DU TOUT.
!
GRAB
.....
C'EST « ÇA », QUE TU FAIS, TOI...
... POUR TE SENTIR MIEUX ?

ON VA VÉRIFIER ÇA TOUT DE SUITE !

Act 4

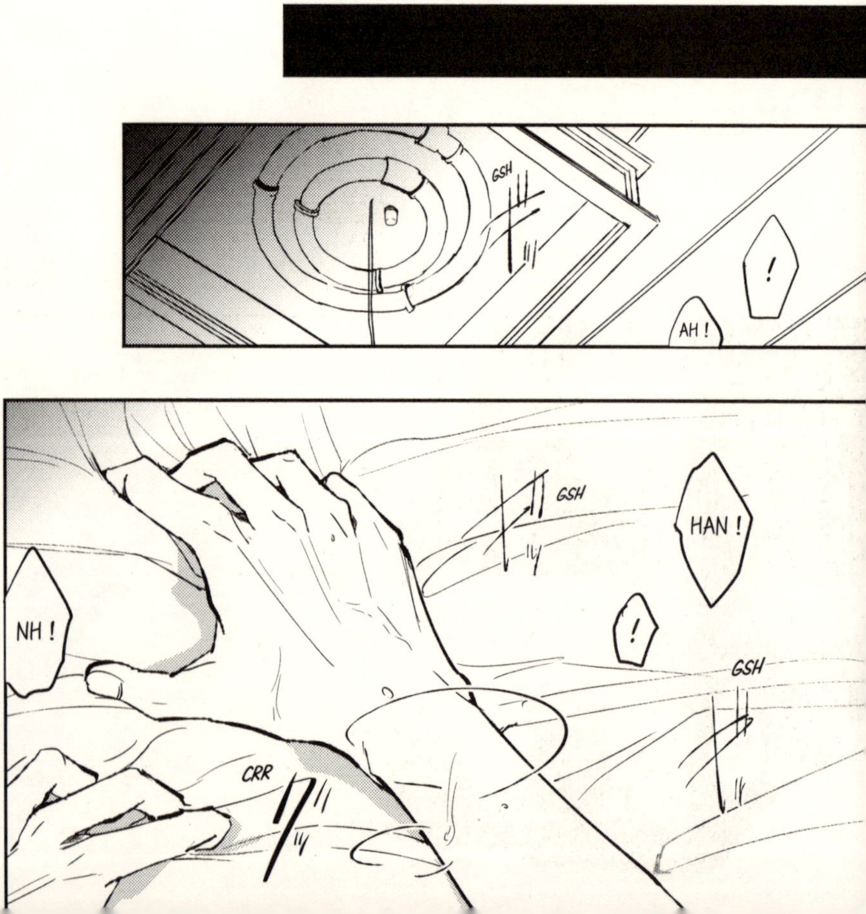
!
AH !
GSH
HAN !
GSH
!
GSH
NH !
CRR

HAN
GSH
AH !
GSH
NN GH...
....!
GNNH
HUFF
AH !
AH !
NG !
HAN
NGH...
HUFF
....!
HUFF
HAN
GSH
GNH...
NNH !
AH !
GSH

HÉ... !
HAN
GSH
HAN
DIS...
HAN
QUEL-
QUE
CHOSE...
!!
GRAB
NGH !
SURSAUTE
NGH
!
PLIC
PLIC
NGH !
NH !
NH
!
GSH
NGH
!
HUFF
FRSH
HUFF
GSH
AH
!
MERDE...
ARRÊTE...
PLAF

!
GSH
FRSH
HAN !
HUFF !
HAN !
GSH
GSH
AH !
AH !
GSH
HAN !
GSH
SURSAUTE
.....!
Tu es sûr ?

GSH
De quoi ?
NH !
GSH
Ce lycéen...
Tu parles de Keigo ?
Lui aussi il est gay, non ?
AH !
Ah...
AH !
Je ne devrais pas entrer.
GSH
Oui, et alors ?
Il faut que je bouge mes jambes !
GSH
Ne te fais pas d'idées, hein.
AH !
Il n'y aura jamais rien entre lui et moi, je ne l'avais même pas envisagé.
AH !
AH...
GSH
Que je me bouche les oreilles !
GSH
Ah non ? Bon, bah tant mieux...
Je m'inquiétais quand même un peu.
GSH
Haha ! Pas besoin !
AH !!
Ah !
Je dois bouger !

HAN !
Dis, au fait...
HAN !
Tu m'emmèneras où, la prochaine fois ?
GLOUPS
Allez, mes jambes ! S'il vous plaît ! Bougez !
Hmm...
HAN !
Où tu voudras aller !
FRSH
Peu importe l'endroit !
GSH
NGH...
FRSH
BAM
BAM
BAM
CLAC

SHBONK
HAN !
HAN !
!
......
SPLAF
SBOM
HAN !
......
GSH
HAN
HAN
FLAP
Menteur...

« Menteur » ?
NH !
NH...
Non, il ne m'a jamais menti.
C'est moi qui me suis emballé tout seul, de mon côté.
CRR
!
GSH
UH...
Qu'est-ce qu'il me manque, à moi ?
!
CRSH
UH...
Comment ai-je pu croire qu'il m'avait accepté ?
CRSH
Je croyais qu'on visiterait plein d'endroits nouveaux un jour, ensemble.
Mais visiblement, ce n'était pas réciproque.

L'espace d'une seconde...
... j'ai voulu qu'ils ne soient plus là.
Qu'ils dispa-raissent...
... tous les deux.
Peu importe à quel point j'avais envie de lui...
... si je ne pouvais pas l'avoir, alors...
... je préférais le détruire. L'anéantir.
Ce serait forcément mieux ainsi.
Je suis horrible.
UH !
NH...
UGH...
!
Mes entrailles n'étaient plus qu'un puits de noirceur.

Et moi, j'étais en train de sombrer dedans.
Je voulais changer.
.....
Mais je n'ai pas pu.
HAN !
HAN....
HUFF
HAN
Ni mainte-nant...
PLAF
... ni pro-bable-ment jamais.

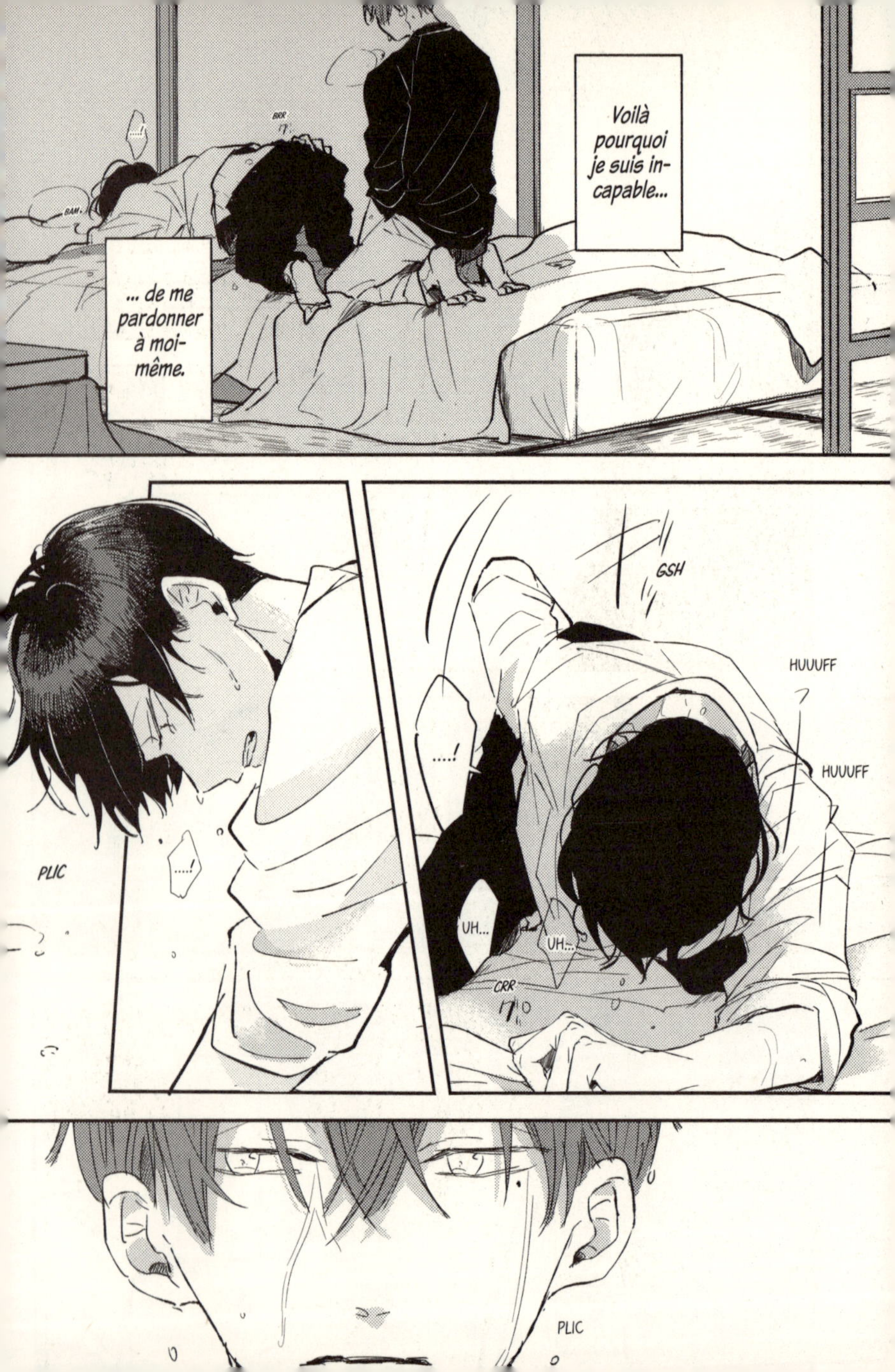
Voilà pourquoi je suis incapable...
... de me pardonner à moi-même.
BRR
BAM
....!
GSH
HUUUFF
HUUUFF
....!
UH...
UH...
CRR
....!
PLIC
PLIC

GRAB
PLISH
PLIC
PLIC
.....!
AÏE...
MERDE... !
SILENCE
.....
.....
FINALEMENT...
GSH

... J'ÉTAIS TOUJOURS...
... AMOUREUX DE LUI.
PEU M'IMPORTAIT QU'IL ME REPOUSSE...
... OU ME MÉPRISE.
CRR
J'ÉTAIS TOUJOURS AUSSI AMOUREUX DE LUI.
MOI-MÊME...
... JE ME RÉPUGNAIS.
...
C'EST POUR ÇA QUE J'AI ESSAYÉ, À MA MANIÈRE...

... DE RENDRE LES CHOSES PLUS FACILES POUR MOI.
JE ME SUIS CACHÉ POUR ME PROTÉGER.
QU'EST-CE QU'IL Y A DE MAL À ÇA, HEIN ?
......
TU NE DIS RIEN ?
TU M'ÉNERVES...
... VRAI-MENT.

CELUI…
CELUI EN QUI J'AVAIS CONFIANCE…
LE SEUL QUI M'AVAIT ACCEPTÉ…
CELUI QUI ÉTAIT TOUT MON MONDE…
CELUI QUE J'AIMAIS, DU PLUS PROFOND DE MON ÊTRE…
… NE M'A JAMAIS REGARDÉ.
J'ÉTAIS TELLEMENT EN COLÈRE QUE J'AI TOUT MIS SUR SON DOS.
J'AI MÊME SOUHAITÉ QU'IL SOIT MALHEUREUX POUR LE RESTANT DE SES JOURS.
JE ME SUIS TOUJOURS…
… TOUJOURS, TOUJOURS…

JE ME SUIS TOUJOURS…
… DÉTESTÉ POUR ÇA.
MÊME AVEC LE TEMPS, JE N'AI JAMAIS RÉUSSI À CHANGER.
JE N'AI JAMAIS RÉUSSI À ME PARDONNER.
AAAH…
FINALEMENT, J'AI PRÉFÉ-RÉ TOUT LAISSER TOMBER.
PUISQUE JE SUIS UN RATÉ…
… DE TOUTE FAÇON…
… IL VALAIT MIEUX QUE JE RENONCE À TOUT.

EN ABANDONNANT, JE NE RESSENTIRAIS PLUS RIEN.
JE NE PENSERAIS PLUS À RIEN.
S'ABANDONNER SOI-MÊME...
... C'EST FACILE.
.....
EST-CE QUE...
... TU LE PENSES SINCÈREMENT ?
....!

TOI AUSSI !
TOI AUSSI TU ES UN RATÉ, COMME MOI !
!
POURTANT…
… TU CHERCHES À SAUVER LES APPARENCES ! TU TE CACHES !
TU FAIS TON POSSIBLE…
GSH
… POUR CONSTRUIRE TON PROPRE MONDE !
TU FAIS SEMBLANT D'AVOIR RENONCÉ… … MAIS C'EST LOIN D'ÊTRE LE CAS !
RIEN DE CE QUE TU FAIS…
PLIC
… N'A DE SENS ! ET POURTANT…
… QUOI QUE JE FASSE, ÇA M'ÉNERVE TOUJOURS AUTANT !
CRSH

PUISQU'ON EST DES RATÉS...
.....
... NOTRE SEULE OPTION, C'EST DE VIVRE COMME DES RATÉS !
AU MOINS...
... RECONNAIS-LE !
.....
GSH
ÇA...

GSH
FRSH
... JE SUIS BIEN PLACÉ POUR LE SAVOIR, QU'EST-CE QUE TU CROIS !
MAIS ÇA AUSSI...
... J'AI TOUJOURS ESSAYÉ DE LE CACHER !
.....
.....
.....!
ÉVIDEM-MENT QUE C'EST DIFFICILE, POUR MOI AUSSI... !

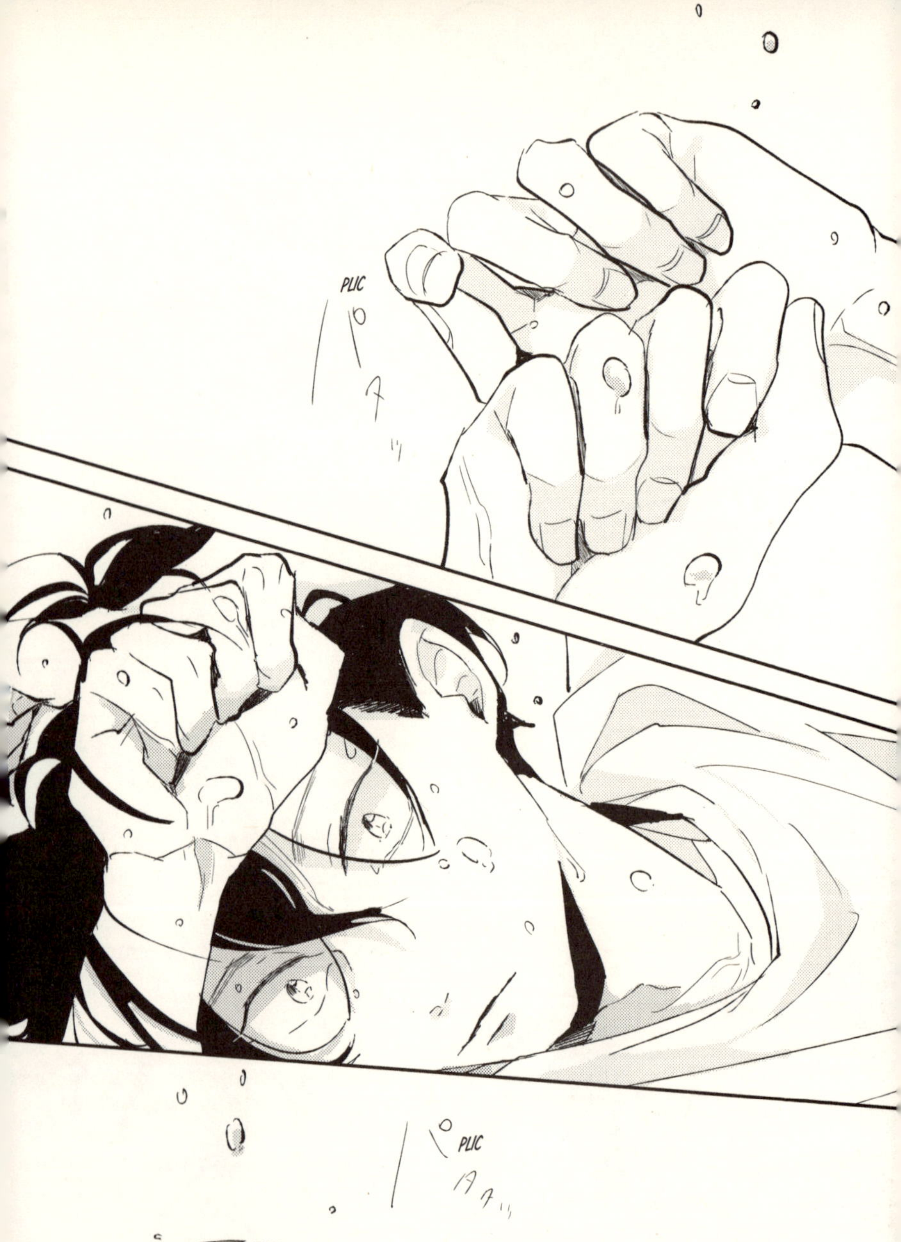
PLIC
PLIC

PLIC
J'AI PEUR...
J'AI PEUR...
PLIC
.....
PLIC
... DE ME RE-TROUVER TOUT SEUL.

PLIC
PEUR DE ME RETROUVER...
... SEUL...
....!
PLIC
....!
... AVEC CE « MOI » QUE JE DÉTESTE... !

....!
DEVOIR ME FAIRE FACE...
HUFF...
... ME TERRIFIE !
....!

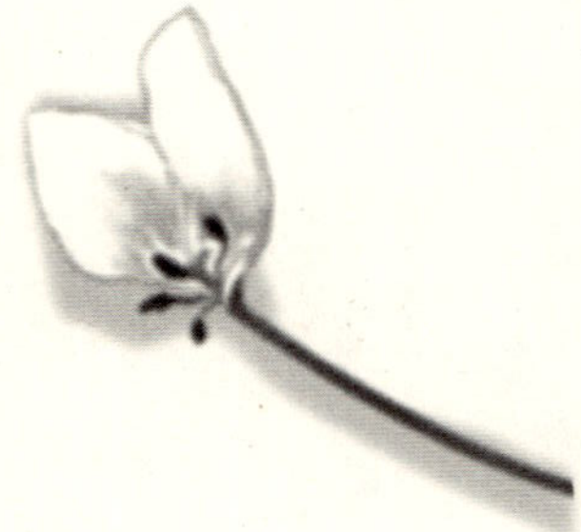

Inside
full
bloom

Act 5
PLIC
Oui...
Je sais...
....!
Je sais ce qui le fait souffrir.
Je sais de quoi il a peur.
C'est en lui faisant face que je l'ai enfin compris.
TU SAIS...

... C'EST PAREIL POUR MOI.
MOI AUSSI...
... J'AI PEUR...
... DE ME RETROUVER SEUL.
....!
Et un tel passé...
GH !
UH !
... du point de vue des autres...
!
GH !

... ça
peut être
risible...
... ne rien
représenter
du tout.
GH !
Je sais
ce que les
autres
peuvent
penser.
Malgré
tout...
UUH !
... c'était
une part
tendre
et faible
de moi.
UUH...
J'ai tenté de
la durcir,
de la
consolider...
... mais elle
est toujours
restée
aussi molle.

ÉTANT DIFFÉRENT DES AUTRES, J'AURAIS VOULU POUVOIR RIRE DE TOUT.
ÉTANT INCOMPRIS DES AUTRES, J'AURAIS VOU-LU DEVENIR PLUS FORT.
MAIS JE MANQUAIS ENCORE D'EXPÉRIENCE POUR Y ARRIVER.
ET J'AI ÉTÉ LÂCHE.
JE NE SAVAIS PAS...
... COMMENT RESTER MOI-MÊME.
ET ÇA, ÇA FAIT PEUR.

OUAIS...
T'ES TROP STUPIDE...
JE NE VOULAIS PAS QUE QUELQU'UN COMME TOI...
Que quelqu'un comme toi perce à jour mes faiblesses.
JE POURRAIS...
... TE RETOURNER LE COMPLIMENT.
......
MAIS CE N'EST PEUT-ÊTRE PAS SI MAL, QU'ON SOIT STUPIDES.

HEIN ?
QUOI ?
DE TOUTE FAÇON...
.....
... TOI ET MOI, ON EST TOUS LES DEUX DES RATÉS, PAS VRAI ?
NNH !
.....

DONC, LÀ...
... ON EST EN TRAIN DE CHACUN PANSER LES BLESSURES DE L'AUTRE ?
HAN !
HUFF !
QUEL MAL Y A-T-IL À ÇA ?
SI ÇA PEUT NOUS AIDER...
... JE LE FERAI AUTANT DE FOIS QU'IL FAUDRA.
HAHA
C'EST VRAI...
GSH
Si on a envie de rire, il nous suffit de rire.
Que ce soit drôle...
... ou même mala-droit.

C'est juste que...
... sur le moment...
.....
... cette partie de nous qu'on tentait de ren-forcer...
NNH...
... mais qui était encore tendre et faible...
... s'est immiscée en nous, passant de l'un à l'autre...
... nous péné-trant au plus profond de notre être...
... jusqu'à nous sembler familière.

UH !
PLAF
NGH...
AH !
PLAF
PLISH
NH !
FRISSONNE
GH !
HUFF !
AAH !
FRISSONNE

PLAF
HAA
AH !
.....
AT-TENDS...
GSH
!
JE...
AT-TENDS...
HM ?
PLIC
PAS...
AH !
... À L'INTÉRIEUR...
HUFF !
PLAF
BRR
AH !
AH !
AAANGH !
AH !

AH !
....!
FRISSONNE
BRR
NGH !
FRISSONNE
!
C'EST POUR ÇA...
HUUUF
HAN !
HAN !
HUUUF
HUUUF
... QUE JE T'AVAIS DIT...
BRR
PLISH
... D'ATTENDRE...
.....
PLISH
AH !
GRAB
ATT...
PLIC

AH !
UUH !
DIS...

QUOI ?
FINALEMENT...
STAP
... QUE REPRÉSENTENT CET APPAREIL PHOTO ET TOUS CES ALBUMS, POUR TOI ?
AH...
ÇA...
LE GARS QUE J'AIMAIS...
... ÉTAIT UN PASSIONNÉ DE VOYAGES.
J'ÉTAIS TOUT FOU, ET J'AI ÉCONOMISÉ POUR M'ACHETER CET APPAREIL PHOTO.
JE MOURAIS D'ENVIE QU'IL M'EMMÈNE AVEC LUI...
... MAIS MON VŒU NE S'EST JAMAIS RÉALISÉ.
RIEN NE SE PASSAIT COMME JE LE VOULAIS...
... ET JE L'AI CASSÉ MOI-MÊME.
.....
AH BON...

TU VEUX QUE JE T'EMMÈNE, MOI ?
QUOI ?
BEN TU SAIS, EN VOYAGE...
.....
NON, IL NE FAUT PAS QUE QUELQU'UN M'Y EMMÈNE.
C'EST CE QU'IL M'A DIT.
POUR QUE ÇA AIT UN SENS, IL FAUT QUE J'Y AILLE PAR MOI-MÊME.

« UN SENS », HEIN...
NNH...
NNNGH
ON S'EN FICHE DE SI ÇA A DU SENS OU PAS, NON ?
.....
GNNH
QUE QUELQU'UN T'Y EMMÈNE OU QUE TU Y AILLES PAR TOI-MÊME...
AU BOUT DU COMPTE...
... LE RÉSULTAT EST LE MÊME !
Le même...
J'IGNORE CE QUI TE FAIT PEUR ET JE N'AI PAS L'INTENTION DE TE LE DEMANDER.
MAIS AU FINAL, L'IMPORTANT, C'EST DE SAVOIR SI TU AS L'INTENTION D'Y ALLER OU PAS.
TU N'AS QUE CES DEUX CHOIX.

FLASH
NGH !
HA !
T'AURAIS DÛ VOIR TA TRONCHE !
.....

PUISQU'ON NE PEUT PAS UTILISER TON APPAREIL PHOTO...
... J'UTILISE MON TÉLÉ-PHONE.
OUPS, JE N'AI PRESQUE PLUS DE BATTERIE...
TU N'AURAIS PAS UN CHAR...
GRAB
... GEUR ...
NGH !
.....
.....
.....
QUOI ?
RIEN...
T'ÉTAIS TROP MOCHE, ÇA M'A ÉCHAPPÉ.
HEIN ?

FSHH
VLAM
!?!?
!?!?!?
!?!?
FUUUH
SPLAF
OUPS...
SPLAF
SALUT !

.....
BEN QUOI, PAS LA PEINE D'ÊTRE AUSSI SURPRIS.
Visage incrédule
C'EST PAS VRAI...
NON MAIS TU TE CROIS OÙ, LÀ ?!
IL Y A UN TEMPS ET UN LIEU POUR TOUT ! RÉFLÉCHIS UN PEU !
JE SAIS, J'Y AI RÉFLÉCHI.
SILENCE
.....
ÇA CRAINT...
PFFF
JE ME SUIS ENDORMI SUPER LONGTEMPS...
TU RÉDIGEAIS UN RAPPORT ?
OUAIS...

TIENS.
AH...
MERCI.
C'EST GENTIL.
TU EN ES OÙ ?
SUJET : INTRODUCTION À L'INGÉNIERIE
SPÉCIALISATION
SECTION : ARCHITECTURE
NOM
KANARU SAITÔ
N° D'ÉTUDIANT : 01D3542E
....?
SAITÔ... ET LES KANJI DE TON PRÉNOM SE LISENT... KANA... RI ?
?
AÏEUH !
PLAF
バ

KANARU !
KANA... RU...
KANARU SAITÔ !
TU M'APPELLES PAR MON PRÉNOM SANS MÊME LE CONNAÎTRE EN ENTIER ?
À CROIRE QUE TU NE T'INTÉRESSES VRAIMENT PAS AUX AUTRES.
JE ME SUIS PRÉSENTÉ LE JOUR OÙ ON S'EST RENCONTRÉS, EN PLUS !
J'y crois pas...
HEIN ? AH, OUI...
MAIS JE PENSAIS QUE C'ÉTAIT JUSTE « KANA ».
PFFF

AU FAIT ! MOI, C'EST KEIGO MIURA !
JE SAIS...
AH BON...
DIS...
ET SI ON SORTAIT VRAIMENT ENSEMBLE, TOI ET MOI ?
.....

HEIN ?
Tu te fiches de moi ?
ON N'EST MÊME PAS AMOUREUX L'UN DE L'AUTRE, CE SERAIT DÉBILE.
DOOM
OUI...
MAINTENANT QUE TU LE DIS...
C'est pas faux...
MAINTENANT QUE TU LE DIS...
OUARGH !
TON DISQUE EST RAYÉ OU QUOI ?!
PLAF
FRSH
.....
QUOI ?

MAIS...
TU VEUX BIEN QUE JE RESTE PRÈS DE TOI, PAS VRAI ?
......
J'AI PAS VRAIMENT LE CHOIX...
ON NE DIRAIT PAS, MAIS TU TE PRÉOCCUPES BEAUCOUP DES AUTRES.
......
TU NE PEUX PAS M'ABANDONNER ?
......

TRÈS BIEN. ALORS, NE M'ABANDONNE SURTOUT PAS !
T'AS AUCUNE RETENUE, DIS DONC...
IL EST UN PEU TARD POUR LE REMARQUER.
ET PUIS...
... CE SERAIT BIEN QUE TU TOMBES AMOUREUX DE MOI.
HEIN ?
CLANK
MOI...

... JE CROIS QUE...
... JE VAIS PEUT-ÊTRE...
... TOMBER AMOUREUX DE TOI, KANA !
.....
QU...

....!?
....!?
AH !
BLUSH
QU'EST-CE QUE TU RACONTES ?!
PAH
TU DEVRAIS VOIR TA TÊTE !
HA HA
QUOI ?!
TU PEUX PARLER !
BLUSH
T'ES PAS HONNÊTE !
ET PAS MIGNON !
C'est quoi ton pro-blème ?!
ÇA N'A AUCUN SENS !

L'être humain a décidé que la tulipe blanche signifiait un amour perdu.
Ces pauvres fleurs, et ces pauvres bulbes, ne faisaient que se tenir là, bien tranquillement ...
... et on les a affublés d'un bien triste sens.
Cela prouve à quel point l'être humain est égoïste et capricieux.

Si ces deux garçons maladroits et peureux...
... ont été comparés à ces tulipes blanches, c'est aussi à cause des « caprices » de quelqu'un.
Mais dans le fond, ils ont simplement pris plus de temps...
... pour grandir.
Plus de temps pour s'ouvrir.

Pour qu'un amour puisse être perdu... il faut d'abord en être rempli.
C'est aussi simple que ça.

Inside
full
bloom

Ce qui nous intéresse, ce qui ne nous intéresse pas...
Ce qui ne nous fait ni chaud ni froid...
Ce qu'on aime, ce qu'on déteste...
Ce qui n'entre dans aucune de ces catégories...
Il y a une majorité de « ce qui n'entre dans aucune de ces catégories » et de « ce qui ne me fait ni chaud ni froid ».
Pour moi...
Me concentrer et être absorbé par une chose bien précise...
... ou encore m'attacher à une chose bien particulière...!
... ne m'arrive que très rarement.
Le printemps est arrivé

C'était juste... par hasard.
Oui, par hasard, à l'occasion.
Et quand j'y repense, il se trouve que la dernière fois, justement ...
BLOBLOP
... le « vase » devait être sur le point de déborder.
J'ai fait l'enfant gâté et j'ai déchargé ma colère sur le premier venu.
CLANK
Mais je n'ai pas compris pourquoi...
Pourquoi il se démenait autant...
Pourquoi il cherchait à tendre les bras vers moi...

Pourquoi il riait de cette façon...
Kana n'est jamais rentré dans...
... « ce qui n'entre dans aucune de ces catégories » ou « ce qui ne me fait ni chaud ni froid ».
BEURK
C'est trop sucré !
Quand je m'en suis rendu compte, j'ai voulu le placer dans la catégorie « ce que je déteste »...
... et encore une fois, sans que je ne remarque rien, tout s'est changé en « pressentiment ».
C'est pour ça que j'ai dit « peut-être ».
J'avais le pressenti-ment que j'allais peut-être tomber amoureux de lui.
TAC
TAC
TAC
AH !
CLANK
Puis, une autre saison a passé.
Au-jourd'hui, nous sommes au prin-temps.
SALUT !

CLAC
.....
HM ?
QUOI ?
POURQUOI T'ES LÀ ?
COMMENT ÇA, « SALUT » ?
FRSH
COMME ÇA, SANS AUCUNE RAISON PARTICULIÈRE.
Tiens, un café.
AH... AH BON...
Merci.
TU AS MANGÉ ?
AH...
OUAIS, AVEC ONO.
HMMM...
HAHA
AU FAIT...
C'EST TROP SUCRÉ !
PFFRT
OUI, QUOI ?
COMBIEN DE TEMPS TU VAS ENCORE ME DEMANDER CE QUE JE FABRIQUE ICI ?

ALORS QUE TU LAISSES TELLES QUELLES...
... TOUTES LES AFFAIRES QUE JE RAMÈNE CHEZ TOI...
.....
NORMAL C'EST TOI QUI LES AS LAISSÉES...
JE NE T'AI RIEN DEMANDÉ...
BEN OUI, PARCE QUE JE VEUX QU'ELLES RESTENT LÀ.
CRR
C'est parce qu'il se comporte comme ça...
... que je me fais des films et que je pense qu'il m'y autorise.
.....
C'est pour ça que j'ai l'impression qu'il m'a accepté.
Il montre des failles, petit à petit.
Tant que j'y pense, tu devrais me rendre mon double des clés !!
HMM
?
Tu me l'as donné pour que je vienne récupérer ce que j'oublie chez toi. Ça te dérange ?
UUH...

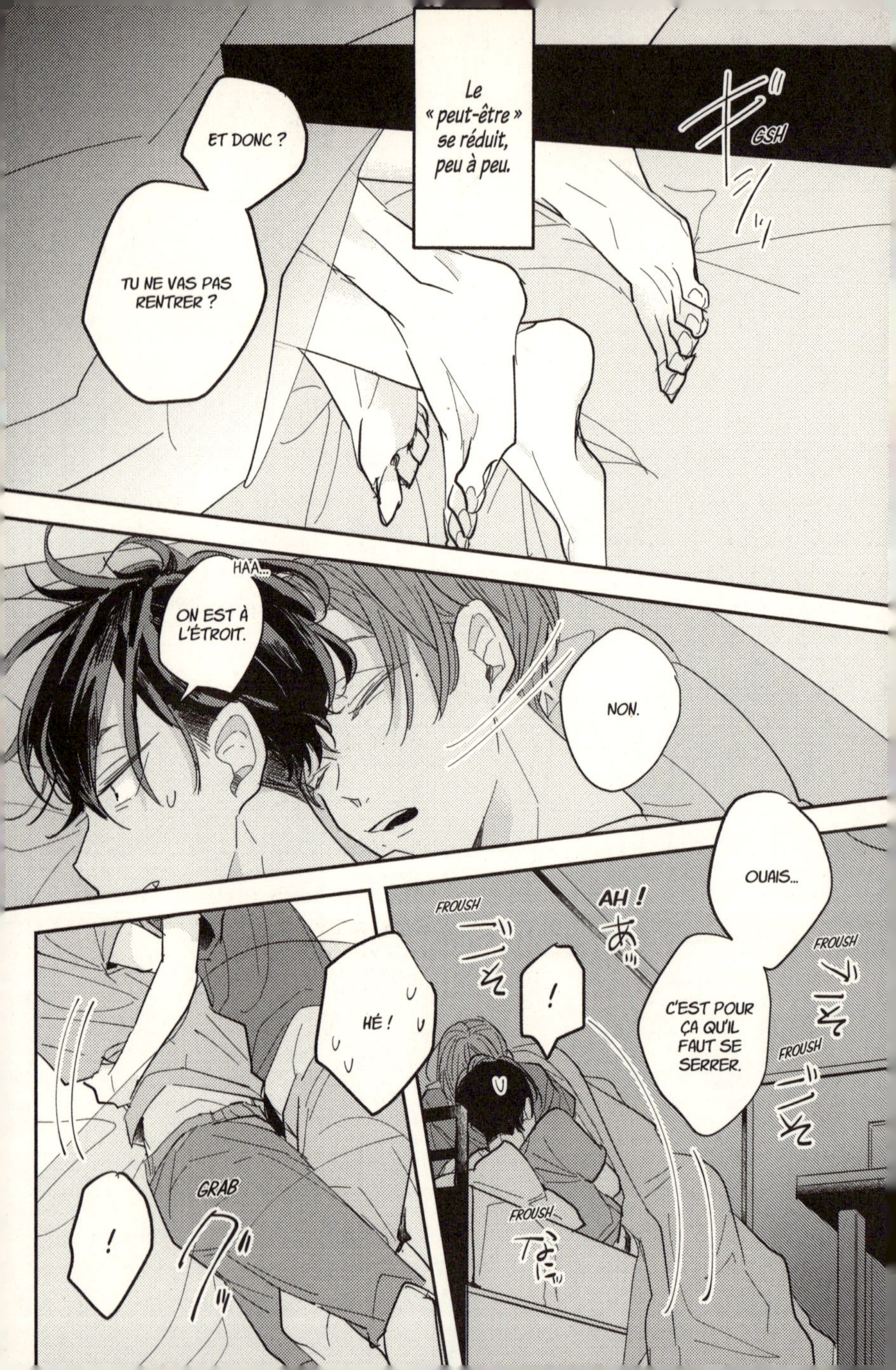
GSH
Le « peut-être » se réduit, peu à peu.
ET DONC ?
TU NE VAS PAS RENTRER ?
NON.
HAA... ON EST À L'ÉTROIT.
OUAIS...
C'EST POUR ÇA QU'IL FAUT SE SERRER.
FROUSH
FROUSH
AH !
あ
!
FROUSH
HÉ !
FROUSH
GRAB
!

HAN
FRSH
ON L'A FAIT AVANT-HIER, TU DOIS ENCORE ÊTRE DILATÉ...
OUAIS, ALORS QUE JE T'AVAIS DEMANDÉ D'ARRÊTER !
CRR
LÂCHE-MOI !
HAHA
JE SAIS, MAIS JE N'AI PAS PU.
ET PUIS...
TON CORPS, LUI, N'AVAIT PAS L'AIR D'AVOIR ENVIE...
... QUE JE LE LÂCHE...
.....!
AÏEUH !
.....
ZWOUP
AH LÀ LÀ...
Même si ça te fait mentir...
... tu pourrais au moins le nier...
.....

UUH...
HAN !
AH !
GSH
GSH
AH !
AH !
UH...
JE...
HAN
... TE JURE...
NNH !
UUH...
... C'EST... IMPOS-SIBLE...
HAN
HAN
EN...
... LÈVE-TOI...
FRISSONNE
AH !
GSH
GSH
HA !
HAN !
HUH !
NNH...
GNNH
JE VEUX RESTER...
HAN
HAN
Encore un peu...
... EN TOI...
HAN
HAN
HAN
C'EST SI CHAUD, À L'INTÉRIEUR...
GSH
FRISSONNE
AAH !
GH !
UUH...
Ne pousse pas...

UH !
AAH...
BRR
PLAF
AH...
UH !
HUFF
PLIC
FRISSONNE
....!
UUH...
AH !
AH !
AAH !
PLIC
JE N'EN...
UH !
... PEUX PLUS...
UH !
BRR
NNH... KANA...
HAN
TU AS DES SPASMES...
AH !
... C'EST TROP BON...
FRISSONNE
BRR
UUH...
BRR
AAH !
AAH...
BRR
UH...
NH !
BRR
J'AI...
....!
SBOF
... TROP JOUI...
BRR
ÇA FAIT... MAL...
ALORS...
GRAB
!?

HAN
... CE SERA...
... LA DERNIÈRE FOIS...
AAH !
UUH !
!!
ZWOUSH
OUAH !
NNH !
NH...
NNH...
BRR
UUH !
NGH !
DIS...
STAP
Sérieu-sement.
ET SI ON SORTAIT ENSEMBLE ?
CLAC

.....
TU TESTES MA PATIENCE OU QUOI ?
GSH
.....
ON PEUT TOUJOURS ESSAYER DE SE METTRE ENSEMBLE ET VOIR CE QUE ÇA DONNE, NON ?
.....
TU CROIS VRAIMENT QUE TOUT VA SE PASSER AUSSI FACILEMENT ?
MOI, JE CROIS QU'ON S'EST RETENUS ASSEZ LONGTEMPS.
POURQUOI NE PAS TENTER LE COUP ?
.....
TU NE POURRAIS PAS JUSTE SUIVRE LE FLOT, POUR UNE FOIS ?
TU TE PRENDS TROP LA TÊTE...

C'EST PAS ÇA...
C'EST PAS ÇA ? BEN C'EST QUOI, ALORS ?
OUI ?
....!
C'EST QUE...
.....
BEN...

SI ON SORT ENSEMBLE...
.....
... JE SERAI INCAPABLE DE TE QUITTER UN JOUR !!
FRSH
VROUSH
CLANK
TAP
TAP
CLAC
.....
EUH...
DOOOM

!?!?!?
BLUUUUSH
.....
OU... OUAAAAAAAH...
!?!?
BOM
...!

MAIS...
... QU'EST-CE QUE JE RACONTE, MOI ?!
HAAA !
ZWOOOM
JE...
C'était quoi, cette façon de me toucher... cette voix...
....!
GSH
Depuis que je l'ai rencontré, j'ai de plus en plus de mal à me comprendre.
J'AI BESOIN DE PRENDRE L'AIR...
FOUAAAH
J'ai mal aux hanches...

J'ai l'impression ...
... que je vais me libérer de tout.
J'ai envie...
... de me libérer de tout.
RAAAH, SÉRIEUSEMENT...
Ce « moi » là, je ne le connais pas.
Comment pourrais-je le connaître ?!
IL M'ÉPUISE...
FIN

Postface

Merci à tous de vous
être procuré le manga
« Inside full bloom » !
Vraiment, merci
du fond du cœur !!!!
C'est mon tout premier manga,
et aussi mon premier tome à
paraître en volume relié !
Alors comme vous vous en doutez,
je suis particulièrement
attachée à ces deux-là !
J'espère que vous aurez apprécié
Keigo et Kana(ru), ne serait-ce
qu'un tout petit peu !
Ça me ferait très plaisir !

Wakame Kuki
久喜わかめ

Inside full bloom

Inside full bloom by Wakame Kuki

Original Japanese edition published in 2018 by TAKESHOBO, Tokyo
French translation rights in France, Belgium, Luxembourg, Swiss and Quebec arranged with TAKESHOBO Through Digital Catapult Inc., Tokyo.

Hana COLLECTION

www.boys-loves.fr

Maquette : Justine Mouron

Traduit du japonais par Aline Kukor

Responsable Editorial & Production : Tony

Dépot légal : Décembre 2019
ISBN 978-2-36877-699-5

Imprimé par GZ Digital Media as